Aller mal
quand tout va bien

Lucia Canovi

Aller mal
quand tout va bien
La dépression dédramatisée

À tous ceux qui pleurent seuls la nuit.

Préface

Vous aussi, vous voulez être heureux ?

Vous avez bien raison.

Mais peut-être y a-t-il des obstacles. Comme les couleurs translucides de l'arc-en-ciel, mais bien sûr en beaucoup moins gai, les raisons d'en avoir marre de la vie sont diverses et variées.

Par exemple...

☐ On souffre constamment sans savoir pourquoi.

☐ On ne voit pas l'intérêt de se lever le matin, puisqu'on devra se coucher le soir. On ne voit pas l'intérêt de vivre, puisqu'on devra mourir.

☐ On se sent faible et incapable. Pas à la hauteur. Indigne.

☐ On se sent affreusement coupable, comme si on avait commis un crime atroce qu'on aurait oublié.

☐ On tourne en rond dans le brouillard : tant d'efforts pour arriver nulle part.

☐ On a l'impression que rien n'est réel. Même pas soi.

☐ On se sent radicalement différent(e) des autres. Anormal, presque monstrueux. Et terriblement seul.

☐ On ne s'aime pas. On ne se respecte pas. On se déteste cordialement, on ne se supporte pas. On voudrait ne plus jamais avoir affaire à soi.

☐ On manque méchamment d'amour. On est persuadé qu'on

ne trouvera jamais l'homme ou la femme de sa vie, ou qu'il ou elle nous a quitté(e) pour toujours sd.

☐ On manque d'argent. Pour tout avenir, un mur de dettes à se fracasser la tête.

☐ On n'a jamais connu que le malheur et la souffrance ; on ne voit pas pourquoi ça changerait un jour.

☐ On est constamment angoissé, effrayé, paniqué. On a l'impression de devenir fou/folle...

☐ On a été diagnostiqué *dépressif,* ou *bipolaire,* ou *schizophrène,* etc.

☐ On n'arrive pas à arrêter l'alcool, la drogue ou les « médicaments ».

☐ On a subi quelque chose d'horrible et on n'arrive pas à tourner la page.

☐ Personne ne nous comprend ; nous ne nous comprenons pas nous-mêmes.

☐ On a trop de questions, pas assez de réponses.

☐ On s'ennuie en attendant la mort.

☐ On a un problème vraiment terrible qui n'est pas inclus dans cette liste.

N'étant pas concerné par toutes ces causes de dépression, vous n'avez pas coché toutes les cases ?

Alors vous avez malgré tout de la chance : il y a des gens très bien qui souffrent de tous ces problèmes à la fois.

Cette idée ne vous apporte aucun réconfort, le malheur des autres ne vous consolant en rien du vôtre ? Une boule dans la gorge et les larmes au bord des yeux, vous pensez qu'aujourd'hui tout va mal, et que demain sera pire ?

Bref, vous êtes vraiment à plaindre ?

Hélas, je ne peux pas vous serrer dans mes bras et vous dire « ça va aller » d'une voix maternelle, ou du moins amicale...

Enfin si, « ça va aller » je peux vous le dire.

Et d'ailleurs, je vous le dis.

Ça va aller.

Tout problème a une solution... Les choses vont s'arranger. Vous allez vous en sortir ; vous allez trouver ce qui vous manque et ouvrir la bonne porte. Vous allez trouver cette belle lumière vers laquelle vous marchez déjà. Vous avez plus de force, plus de ressources intérieures, que vous ne l'imaginez actuellement. Et la vie est bien plus bienveillante et soucieuse de votre bien-être que vous ne le pensez.

Mais si je peux vous rassurer, je ne peux pas vous prendre dans mes bras.

Même si je le désire, je ne peux pas vous préparer le bon chocolat chaud qui manque tant lorsqu'on se sent abandonné ; je ne peux pas vous apporter l'amitié et la tendresse dont tout être humain normalement constitué a besoin.

La bonne nouvelle (enfin, bonne, ça se discute...), c'est que toute la tendresse du monde n'est qu'un réconfort éphémère et quelque peu trompeur si elle n'est pas accompagnée d'un renouvellement de son être, et c'est à ce renouvellement que je vous invite dans ce livre.

Car rien n'est impossible.

Et pas seulement en général, pour les autres ; rien n'est impossible *pour vous*. Vous allez redresser la tête, respirer à fond, vivifier votre âme, vous allez prendre le pouvoir qui vous revient de droit et devenir ou redevenir le capitaine de votre navire. Pas une galère, mais une frégate ou un catamaran. Un voilier élégant et cher, un de ces magnifiques jouets qui enthousiasment les milliardaires. Se sentir libre et maître de sa vie est un plaisir haut de gamme. Ce plaisir de première classe, il est temps pour vous d'y goûter... C'est votre tour.

Mais, au fait, quelles raisons avez-vous de me croire ?

Quelles sont mes références, où est mon C.V. ?

Si vous êtes un tant soit peu méfiant, vous vous posez probablement la question... Si j'étais à votre place, je me la poserais aussi.

Mes diplômes, les voici : je suis une ex-dépressive, ex-très angoissée, ex-jamais tranquille, ex-extrêmement perturbée.

Ma vie a été un cauchemar pendant des années. À tel point qu'aujourd'hui, je ne la considère pas comme une vie. C'était plutôt la pathétique non-vie d'une morte-vivante enterrée six pieds sous terre et grattant le couvercle de son cercueil en espérant que quelqu'un la sortira de là.

Mon mal-être était latent depuis longtemps, depuis toujours peut-être, mais c'est lorsque j'ai eu vingt-sept ans qu'il a explosé au grand jour. J'ai alors passé trois semaines en hôpital en raison de ce que le psychiatre du lieu a appelé un « épisode dépressif majeur ».

Dans les années suivantes, mon état d'esprit et ma vie se sont encore dégradés. Lentement, puis de plus en plus vite, j'ai dévalé la pente. J'ai même eu quelques accès de délire. Dans ces moments-là, ma tête bouillonnait d'idées incohérentes, ma raison vacillait, je perdais les pédales.

Mais la plupart du temps, je n'étais pas folle.

J'étais dépressive.

L'angoisse, la tristesse, le manque et l'envie d'en finir : j'ai passé et repassé par les couloirs obscurs de ce labyrinthe-là ; j'y ai bivouaqué pendant ce qui m'a semblé des siècles. J'ai erré dans la poussière d'impasses moisies, tourné en rond devant des murs sans jamais trouver d'issue. Le mal-être, la culpabilité, les larmes... La sensation d'être grosse, laide et répugnante... L'impression d'être une chose insignifiante, sale, inutile et méprisable... Les questions sans réponse, la faiblesse, les rêves impossibles... L'humiliation, le cœur qui fait si mal qu'on dirait qu'il se brise...

Tout ça, je connais très bien.

Et si j'étais encore dans cet état-là, vous n'auriez vraiment aucune raison de m'écouter. (Sauf, bien sûr, si votre ambition était de devenir dépressif, vous aussi...)

Mais depuis quelques années, ma vie a radicalement changé de visage et aujourd'hui, à l'âge de trente-sept ans, je suis presque quelqu'un d'autre.

Au niveau sentimental, j'étais incapable d'établir une relation durable, ou même seulement agréable, avec un homme ; j'enchaînais dans l'humiliation et les larmes aventures lamentables sur mésaventures grotesques.

Maintenant je suis l'épouse comblée du meilleur mari de l'univers : le plus beau, le plus gentil et le plus intelligent... En disant cela, je ne pense pas manquer d'objectivité.

Au niveau professionnel, je souffrais aussi. J'étais un professeur. Un mauvais. Non seulement je n'étais pas crédible, mais je m'en rendais compte, je détestais les programmes, les copies me faisaient l'effet, pas du tout secondaire, de neuroleptiques, et les élèves me terrorisaient : ils étaient plus coriaces que moi.

En tout cas ils en avaient l'air.

Dans ce rôle d'enseignante, et malgré mes diplômes, je me sentais un imposteur parce que j'en étais un... Je n'avais jamais eu la vocation, j'étais prof parce que je n'avais pas le choix. En salle de classe je vivais ce que vivrait un poisson dont on aurait oublié le bocal au soleil : l'eau où il tourne en rond se change progressivement en court-bouillon, son malaise est le signe qu'il est en train de cuire.

Et maintenant ?

Maintenant je me consacre à ma vocation, l'écriture. Bye bye l'Éducation Nationale. Plongée dans un bouquin ou pianotant sur le clavier de mon ordinateur à la recherche d'une idée lumineuse ou du mot juste, je me sens libre et folâtre comme un dauphin pilote batifolant dans la fraîcheur de l'océan. Je fais ce que j'aime faire, ce que j'étais depuis toujours destinée à faire — car il était écrit que j'écrive et que vous liriez, en cet instant, ces lignes.

Mais c'est au niveau intérieur que j'ai le plus changé.

Avant j'étais déboussolée. J'errais dans la vie sans savoir qui j'étais ni où j'allais, un point d'interrogation planté entre les deux yeux, en pleine confusion, alors que maintenant je sais qui je suis, je sais ce que je fais et je sais ce que je veux.

Mes émotions dominantes étaient la peur, la souffrance, le manque et la culpabilité. J'aspirais à l'impossible et j'étais affreusement frustrée de ne pas l'obtenir. Le présent m'angoissait ;

je n'y mettais jamais les pieds. Je préférais me réfugier dans un passé idéalisé, un futur utopique, ou des rêveries déconnectées du réel.

Au fond, j'aurais voulu habiter dans un dessin animé. Par exemple *La Belle et la Bête*. Je ne m'identifiais pas à la Belle aux joues satinées et aux grands yeux rêveurs mais à la moitié asociale, déprimée et poilue du binôme : je me sentais aussi maudite et inadaptée qu'elle.

En plus de tout ça, je ressentais un vide intérieur si douloureux, si immense, que je le jugeais précieux. C'était bien la seule chose qui me séparait de la médiocrité...

Et maintenant ?

Maintenant je jouis d'une sérénité que je n'aurais jamais pu imaginer, même en rêve. Je ne savais même pas qu'on pouvait se sentir comme ça. Chaque jour j'ai le bonheur de me savoir aimée, aimante et utile. Je me sens à ma place – à ma place dans mon identité, à ma place dans mon corps et dans mon existence. Moi qui trouvais la vie répugnante, j'ai découvert qu'elle est une opportunité unique.

Une chance à ne surtout pas rater.

Aujourd'hui, pour rien au monde je n'échangerais mon sort contre celui de quelqu'un d'autre, que ce « quelqu'un d'autre » soit une femme, un homme, ou même un chat se dorant la fourrure au soleil.

Ne vous imaginez cependant pas que je vis dans une euphorie perpétuelle...

Comme tout être humain, je reste sujette à l'instabilité et à l'insatisfaction. J'ai mes mauvaises heures et mes mauvais jours. Je suis parfois grognonne, tristounette ou en colère. Je regrette parfois mes paroles ou mes actes. Mais dans l'ensemble, et c'est l'ensemble qui compte puisque les détails ne sont que des détails, je suis extrêmement satisfaite de mon existence, de mes choix et de leurs conséquences. J'aime ma vie, j'aime la direction que j'ai choisie.

Comme vous voyez, j'ai le C.V. qu'il faut pour vous aider.

En écrivant ce livre, je partage avec vous un savoir

chèrement acquis. Ainsi vous ne perdrez pas des années à tourner en rond au fond de la dépression comme je l'ai fait ; votre route sera plus courte et facile que ne l'a été la mienne. Mes errances et mes prises de conscience, mes bons et mes mauvais choix, vous feront économiser du temps et des larmes.

Mais j'entends d'ici un lecteur (pas vous, vous êtes trop intelligent) dire que j'ai eu de la chance, et rien de plus... que c'est purement et simplement l'amour qui explique ma métamorphose.

Il y a une part de vérité là-dedans.

Une petite part.

J'ai eu de la chance, c'est vrai. Mais j'ai aussi eu la chance d'apprendre à tirer parti de cette chance. Car en réalité le plus difficile à trouver, ce n'est pas la chance, mais bien la bonne manière de s'en servir.

L'amour a joué un grand rôle dans ma métamorphose, ça aussi c'est vrai. Mais ce n'est pas seulement l'amour que j'ai reçu passivement, sans rien faire pour ça... c'est aussi et surtout celui que j'ai appris à recevoir gracieusement et à donner sans âcreté.

Ni la chance, ni l'amour ne peuvent fleurir en terrain hostile. Pour qu'ils poussent et fructifient, il faut une terre fertile. Et ce sont des prises de conscience et des apprentissages qui la rendent telle. Autrement dit, tant qu'on n'a pas compris, appris et mis en pratique un certain savoir, la victoire et la joie restent inaccessibles.

La part de l'aléatoire dans le bonheur, dans tout bonheur, est bien moindre que ce que l'on suppose généralement ; la chance et la malchance, le bonheur et le malheur, obéissent à des lois. Des lois que j'ai subies à une époque, quand je ne les connaissais pas ; des lois que j'ai étudiées et utilisées à une autre. Aujourd'hui, je vous propose de les découvrir et de vous en servir à votre tour.

En tant que lectrice, j'ai souvent imaginé les auteurs que j'aimais comme des êtres appartenant à une espèce différente et plus noble que la mienne, c'est pourquoi, au cas où, je tiens à mettre les points sur les i : moi aussi, j'ai de la salade qui se coince entre les dents de temps en temps.

Nous avons, d'ailleurs, bien d'autres points communs. Vous et moi, nous partageons la même nature humaine.

Libre arbitre : vous avez le choix et moi aussi.

Intelligence : vous êtes logique et je m'efforce de l'être.

Capacités : vous êtes capable et moi, hum. Disons que je me débrouille avec ce que j'ai.

Car pour tout vous avouer, je n'ai rien, mais alors vraiment rien, d'une superwoman. Je n'ai pas une énergie débordante – ni même une énergie à moitié pleine. Étant d'une nature plus méditative qu'active, il suffit que j'aie trois choses à faire pour me sentir surmenée. Pas trois choses à faire en même temps ; trois choses à faire dans la même journée.

Je n'ai pas non plus une volonté de fer, ni d'ailleurs un menton volontaire, le mien étant plutôt à ranger dans la catégorie « mentons mollassons et velléitaires ». Pendant les trois quarts de ma vie, et malheureusement ce n'est pas fini, j'ai été du genre à me décourager très facilement. Du genre à penser « Ça y est, tout est foutu !... » au moindre bug de mon ordinateur.

Je ne suis pas très bien organisée non plus, et un coup d'œil sur mon bureau suffit pour comprendre que c'est un doux euphémisme. Quand je planifie un voyage, je me trompe souvent de jour, d'horaire, et parfois même de ville. Quand il s'agit d'un petit trajet, le résultat est à peine moins piteux.

Bref, je n'ai pas des capacités exceptionnelles, loin de là.

Et au fond, c'est une excellente nouvelle pour vous... Car du coup, tout ce dont j'ai été capable, vous en êtes capable aussi.

Puisque j'ai été capable de changer et d'apprendre, capable d'identifier et supprimer mes mauvais programmes mentaux, vous en êtes capable aussi. Puisque j'ai remplacé mes pires habitudes par de meilleures, vous le pouvez aussi. Puisque je suis passée des sinistres abysses de la dépression aux verts pâturages de la sérénité, vous le pouvez aussi.

Si vous êtes prêt à faire ce qu'il faut pour ça, vous arriverez vous aussi à cet état si désirable, si précieux, de satisfaction et de paix intérieure. Le premier pas, vous l'avez déjà fait en ouvrant ce livre.

Vous verrez : c'est un voyage mouvementé, mais passionnant. Une odyssée intérieure d'où l'on sort transformé et rajeuni. Une aventure initiatique au bout de laquelle on découvre la vie, et soi, sous un nouveau jour, dans une belle, fraîche et joyeuse lumière.

À propos de bonheur, et du moyen de le rejoindre, Il faut que je vous confie un petit secret.

À l'époque où je me sentais misérable, j'étais fascinée par la personnalité et les écrits de deux grands maîtres spirituels, Katie Byron et Eckart Tolle. Je lisais et relisais insatiablement leurs principaux ouvrages : *Aimer ce qui est* et *Le pouvoir du moment présent*.

Katie Byron et Eckart Tolle ont trouvé la quiétude suite à une illumination soudaine. Ils sont passés brusquement de la dépression la plus noire à l'extase la plus paisible. Un beau matin, ils se sont réveillés bienheureux, alors que la veille encore les tourments et l'angoisse les torturaient avec un sadisme sans nom.

J'étudiais leurs paroles dans l'espoir de découvrir leur secret et de l'appliquer à ma vie. Moi aussi, je voulais l'illumination. Moi aussi, je voulais être heureuse d'un coup, sauter à pieds joints de la case « Enfer » à la case « Paradis », comme à l'époque où, petite fille insouciante en salopette mauve, je jouais à la marelle.

Mais en fin de compte, leur sagesse ne m'a pas aidée, ou si peu.

J'ai trouvé le bonheur par un chemin différent, et je comprends maintenant tout ce que mon espoir avait d'illusoire. Comment avais-je pu m'imaginer que leurs écrits me montreraient la route ?

Quelqu'un qui se réveille un beau matin au sommet de l'Himalaya sans savoir comment il est arrivé là, alors que la veille encore il était au fond du gouffre, n'est pas à même de donner des cours d'alpinisme. Les personnes qui ont reçu l'illumination du jour au lendemain ne savent pas ce qui les a sorties d'un coup de leur état de souffrance pour les plonger sans transition dans une euphorie perpétuelle. Le bonheur leur est arrivé d'une manière miraculeuse et inexplicable ; elles l'ont reçu et non gagné. La quiétude leur est arrivé comme arrive un accident, et elles ne connaissent pas plus la recette du bonheur qu'un quidam ne connaît celle du couscous royal pour en avoir reçu une pleine marmite sur la tête.

De la même façon que Paris Hilton ne peut pas donner le secret pour devenir riche et jolie, quoiqu'elle le soit, je pense maintenant que Katie Byron et Eckart Tolle ne peuvent pas donner le secret pour passer des affres de la dépression et de l'angoisse à la sérénité, quoiqu'ils aient traversé eux-mêmes ce changement radical.

Vous voulez que je vous dise le fond de ma pensée ? Je crois être mieux placée qu'eux pour vous révéler la recette du bonheur.

Car moi, je n'ai pas été parachutée au sommet par un miracle. La pente, je l'ai gravie jour après jour, un pas après l'autre, petit à petit. Certains jours, je tournais en rond ; certaines semaines, je redescendais de plusieurs mètres ; certains mois, je campais à mi-pente ; l'un dans l'autre, je montais.

Ma métamorphose a été un processus progressif composé d'étapes. Rien de magique là dedans. Et c'est bien parce que je peux expliquer pourquoi et comment j'ai quitté le lieu affreux où je végétais pour arriver à l'endroit très agréable où je m'épanouis actuellement que je suis sûre que, vous aussi, vous pouvez trouver la paix et la joie.

Mais j'ai peut-être tort de comparer le bonheur d'Eckart Tolle ou de Katie Byron et le mien, car le but auquel je vous invite est beaucoup plus terre-à-terre... Ou beaucoup plus réaliste ?

Je ne sais pas. Un peu des deux sans doute.

Leur extase est absolue et mystique ; c'est un état de grâce ineffable qui frise le surnaturel, tutoie le divin, fricote avec le Grand Tout. Mon bonheur est, lui, à taille humaine : c'est un contentement relatif comportant des hauts et des bas, le genre de satisfaction qu'on trouve quand on offre l'hospitalité à son individualité et à la vie, celui qu'on découvre quand on va jusqu'au bout de ses choix et que ceux-ci sont bons.

Je ne vous propose pas de devenir une espèce de dieu n'ayant besoin de rien ni de personne ; je vous propose seulement de devenir à un degré plus élevé, plus noble et plus symphonique ce que vous êtes déjà : un voyageur.

Mais il est temps d'entrer dans le vif du sujet. Que faut-il faire pour sortir de dépression ?

Il ne suffit pas d'avaler un cachet. Ni, d'ailleurs, mille.

Prendre conscience qu'on est un papillon irisé ou un cygne éblouissant de classe quand on s'est senti pendant si longtemps vilain petit canard, chenille crapoteuse et boudinée, n'a rien de facile.

Du moins, ça ne l'a pas été pour moi, et ça ne le sera probablement pas pour vous si, vous aussi, vous vous êtes senti plus ou moins angoissé et chagriné toute votre vie... Quand on a toujours éprouvé une certaine fragilité, qu'on s'est heurté très tôt à ses propres limites, ce genre de métamorphose n'est pas de la tarte. Se changer soi-même à ce point-là n'est pas un pique-nique.

Et pourtant, au bout du changement c'est bien à ça qu'on arrive : un bonheur savoureux et champêtre qui présente une certaine ressemblance avec un paisible repas en plein air. En dessert, de la tarte aux fraises. Après l'effort, le réconfort – mais il faut commencer par l'effort...

Inéluctable dans le règne animal (toutes les chenilles se changent en papillons si elles ne se font pas boulotter avant), la métamorphose reste toujours possible chez l'Homme. Y compris celle qui mène de la dépression à la joie. Même si vous êtes né déprimé, ou plutôt, même si vous croyez l'être, vous pouvez accéder à une existence heureuse.

Mais peut-être que vous ne vous sentez mélancolique que depuis un certain temps... Votre dépression ne date pas du déluge ? Mieux : elle est née de la dernière pluie (il y a quelques semaines, quelques mois) ?

Alors vous avez de la chance, car vous lui réglerez son compte beaucoup plus vite. Peut-être même que vous n'aurez besoin que d'un peu de patience pour que votre mal-être s'estompe tout seul – et de ce livre-ci pour ne pas commettre les erreurs qui prolongeraient indéfiniment sa durée.

Il est si facile de s'enfoncer dans le marécage en se débattant pour en sortir, et tant de mains tendues sont, en fin de compte, des prothèses métalliques... Impitoyables crochets où un leurre d'espoir nous enferre comme des poissons à l'hameçon. Vous ne voyez pas à quoi et à qui je fais allusion ? Quand vous aurez lu ce livre dans son intégralité, vous comprendrez.

Mais peut-être que votre cas est différent...

Votre dépression date vraiment du déluge, vous broyez du noir depuis que vous avez l'âge de broyer quelque chose, et à l'idée que sortir de dépression – autrement dit, changer – n'est pas facile, l'angoisse vous étreint ?

Rassurez-vous.

Pas facile, ça ne veut pas dire « impossible », ni « très compliqué ».

Et pour rendre la différence entre ces trois notions parfaitement claire, comparons si vous le voulez bien le vol d'oiseau, la méditation zen et l'escalade.

Voler comme un oiseau en utilisant seulement son corps est une entreprise vouée à l'échec. Tous ceux qui l'ont tentée en sont morts. C'est tout bonnement impossible.

La méditation zen consiste à rester immobile sans sombrer dans le sommeil, à être pleinement conscient sans être conscient de quoi que ce soit en particulier et sans rêvasser non plus. On ne peut jamais être tout à fait sûr d'avoir compris ce qu'il faut faire, ni d'avoir réussi : la méditation zen est compliquée.

Quant à faire l'ascension d'une montagne, ça demande de la préparation. On devra peut-être s'y reprendre à plusieurs fois avant d'atteindre le sommet. Il faudra peut-être des mois d'entraînement. Mais quand on grimpe, on sait qu'on se rapproche du sommet, et quand on a atteint le sommet, on sait qu'on a atteint son objectif : tout est clair, simple et logique. Tout est limpide.

Sortir de dépression n'est pas facile de la même manière qu'escalader une montagne n'est pas facile.

Le rapprochement est d'ailleurs justifié par le sens premier de *dépression* : une dépression est un creux, une cuvette, un bas-fond. Pour en sortir, il faut donc prendre un chemin qui monte.

Ce qui demande un certain effort.

On ne monte jamais par hasard : il faut le vouloir.

Mais de nos jours, me direz-vous peut-être, on peut se faire déposer au sommet de la montagne sans l'avoir gravie soi-même... C'est vrai, mais les progrès techniques n'ont, au fond, pas changé grand-chose à la manière dont on sort de dépression. Ni les antidépresseurs, ni les autres thérapies connues ne sont l'équivalent d'un téléphérique ou d'un hélicoptère.

Il y a, certes, des chemins de traverse qui permettent d'atteindre le sommet plus vite et plus facilement. (Je vous les indiquerai.) Mais il n'en reste pas moins que l'on sort de la dépression par ses efforts personnels, en mettant un pied devant l'autre. On en sort parce qu'on a fait ce qu'il fallait pour cela.

Ce n'est ni compliqué, comme de faire de la méditation zen, ni impossible, comme de voler comme un oiseau. La route n'est pas toujours facile mais elle est simple. De plus en plus simple. Elle mène vers un air plus pur, un panorama plus majestueux, une lumière plus resplendissante.

Peut-être que, étant sujet au vertige, l'idée de grimper si haut ne vous dit rien qui vaille ?

Vous pouvez vous détendre. Le bonheur que l'on trouve lorsqu'on monte hors de la dépression n'est pas un pic émotionnel. Ce n'est pas une exaltation euphorique et précaire, ni un sommet émotionnel vertigineux.

La dépression est une fosse, un trou. Quand on sort de ce trou, on se retrouve sur le plancher des vaches, à hauteur d'Homme. Le bonheur correspond à un retour à ce qui est le plus simple et le plus authentique en soi et hors de soi, un retour à la maison.

Quand on n'a jamais été vraiment heureux au cours de son existence, ou quand on a oublié qu'on l'a été, on peut avoir du mal à saisir ce concept. Le bonheur n'en est pas moins notre état naturel.

Le docteur Maxwell Maltz (1899-1975), génial inventeur de la psycho-cybernétique et à ce titre, père ou du moins tonton du développement personnel contemporain, déclare :

> « Le bonheur est inné dans l'esprit et le corps de l'homme. Lorsque nous sommes heureux, nous pensons mieux, nous sommes plus actifs, nous nous sentons mieux et nous sommes en meilleure santé. Même nos organes des sens fonctionnent mieux... »

De nos jours, la thérapeute et poétesse A. B. Curtiss, qui est aussi une ex-dépressive, le dit à son tour :

> « Le bonheur est notre état naturel... C'est notre état originel de bien-être. »

Dire que le bonheur est notre état naturel n'implique pas que le malheur soit un état anormal – d'ailleurs, vous le savez bien : rien n'est plus banal que la souffrance. Cela signifie juste que lorsque vous serez heureux, vous n'aurez pas l'impression de vivre une expérience déstabilisante et extraordinaire, mais plutôt quelque chose de naturel... Le bonheur va de soi.

Mais, me direz-vous peut-être à juste titre, si le bonheur est mon état naturel, comment se fait-il que je ne sois pas *déjà* heureux ?

Parce que votre véritable nature a été ensevelie. Des couches d'illusions et d'erreurs se sont déposées sur elle comme des alluvions sur une Vénus antique. Votre véritable personnalité est cachée sous toutes ces croyances erronées et ces mauvaises habitudes.

La question qui se pose est : qui va la déterrer ?

Qui sera le prince de cette belle au bois dormant ? Qui va ressusciter d'un baiser et d'une étreinte votre nature originelle, votre personnalité native ?

Autant que vous le sachiez dès maintenant : ce n'est pas le bisou d'un spécialiste de la santé mentale qui peut vous sauver. Ni ses potions magiques. Le prince charmant de votre belle, c'est vous. Vous seul avez le pouvoir de vivifier votre Moi.

Bien sûr, comme tout le monde vous avez besoin d'aide...

mais vous n'en restez pas moins le personnage principal, celui qui agit. Le héros ou l'héroïne qui, par ses décisions sans peur et ses actes de courage, transforme radicalement la situation et la sauve.

Votre personnalité authentique est actuellement plongée dans un sommeil paradoxal : pour qu'elle émerge de l'inconscience qui l'a engloutie, vous (oui, vous) allez peler et éplucher les couches de faux-semblants qui la dissimulent et la déguisent, y compris et surtout à vos propres yeux.

Ou pour prendre une autre image, votre vérité est encore cachée au centre de la roche. Comme ces géodes qui ressemblent à première vue à des cailloux sans valeur, et dont le cœur étincelle de magnifiques cristaux violets, votre véritable nature est un trésor caché : la pierre précieuse est toujours dans sa gangue, le diamant est encore prisonnier. Pour le révéler au grand jour, vous (oui, vous) allez briser cette pierre grise, faire sauter les obstacles qui vous empêchent d'accéder à vous-même.

Monter ou creuser, grimper la pente ou tailler la roche : comme vous pouvez le constater on n'échappe pas à l'idée d'effort. Et c'est logique, car pour passer de la dépression au bien-être, il faut se retrousser les manches et se mettre au boulot.

Vous trouvez cette perspective vaguement angoissante ?

Je vous comprends. Avant de commencer mon ascension hors de la dépression moi aussi elle me faisait très peur. Je ne me sentais pas capable de faire un effort. Même un tout petit. Le plus riquiqui m'impressionnait déjà énormément. Cette notion « d'effort » ne suscitait en moi qu'une envie : celle de me blottir dans mon lit en position fœtale et d'oublier que j'avais eu l'improbable malheur de naître.

Il y a tant de civilisations qui disparaissent sans laisser de traces, tant de lignées qui s'éteignent, tant de couples stériles, tant de spermatozoïdes qui n'atteignent jamais l'ovule, tant de fausses couches, alors pourquoi moi ? À la grande loterie du destin, pourquoi avait-il fallu que je tire le mauvais numéro ? Et d'ailleurs, puisqu'on en parle, pourquoi un singe un peu moins poilu que les autres avait-il eu l'idée saugrenue de se redresser ? S'il avait gardé sagement les pattes sur terre, j'aurais échappé à la condition humaine.

Questions sans réponses qui me laissaient plus recroquevillée que jamais.

Si vous aussi, vous sentez trop bien votre faiblesse et pas du tout votre force, ne désespérez pas car :

1/ La première étape, celle où vous êtes actuellement, consiste seulement à lire ce livre, de préférence en vous relaxant dans un fauteuil amical. Si vous pouvez vous munir d'une boisson (chaude ou rafraîchissante, c'est vous qui voyez) en écarquillant les orteils, faites-le.

2/ Vous ne devrez faire un effort qu'à partir du moment où vous vous en sentirez la force, et pas une minute avant. Vous êtes dispensé de tout travail jusqu'à ce que vous vous en sentiez capable.

J'irai même plus loin : vous êtes dispensé de faire un effort jusqu'à ce que vous ayez envie d'en faire un. Oui, envie. Vous verrez : on peut désirer très fort se mettre au boulot, et piaffer d'impatience parce qu'on ne peut pas commencer tout de suite.

3/ Vous ne serez pas seul. C'est ensemble que nous allons consulter la carte et la boussole, désamorcer les pièges, identifier les impasses, repérer la route, et d'une manière générale mener à bien cette mission.

Vous avez de la chance, car autant j'ai du mal à m'orienter dans le monde physique, autant je me repère aisément dans cet autre monde, qu'on pourrait dire métaphysique, qui nous intéresse ici. Pour y avoir erré longtemps, pour m'être cassée la figure dans ses précipices, égarée dans ses culs-de-sac et tordue la cheville dans ses nids-de-poule, je connais très bien le terrain.

4/ Chaque effort rend l'effort suivant plus facile : plus on monte, plus il est facile de monter. Le second pas est plus facile que le premier, et le troisième plus facile que le deuxième. Le tout est de s'y mettre, et quand on s'y est mis, de continuer.

5/ C'est un phénomène étrange, apparemment inexplicable, mais qui ne manque pas d'avoir lieu et qu'on a constaté depuis longtemps : les problèmes se présentent dans l'ordre où l'on est capable de les résoudre, et pas dans un autre.

Ceux que vous rencontrerez ne failliront pas à cette règle. Vous ne serez pas submergé par les difficultés, qui se présenteront progressivement à vous, un peu comme des matriochkas rangées par taille ou des puzzles d'une difficulté croissante. N'ayez pas peur ; les résoudre sera pour vous, sinon un jeu d'enfant, du moins une activité ludique et constructive dont vous sortirez plus fort et plus grand.

Pour lire ce livre, permettez-moi de vous suggérer une méthode.

Quand je lis un livre, j'essaie d'avoir toujours un crayon avec moi. Comme ça je souligne au fur et à mesure les passages qui me paraissent les plus importants et s'il le faut, je marque en marge les réflexions que m'inspire ma lecture. Si vous suivez cette manière de procéder, vous :

◆ vous   concentrerez plus profondément sur ce que vous lisez ;

◆ retrouverez facilement les passages qui vous auront marqué ;

◆ garderez une trace de pensées qui sinon s'envoleraient pour toujours.

En lisant *Marre de la vie ?* avec un crayon, dans quelques semaines, mois et années, chaque fois que vous le relirez, vous pourrez mesurer, avec un sourire, tout le chemin parcouru. Vous réaliserez à quel point vous avez changé, à quel point ça va mieux, à quel point vous êtes plus heureux que vous ne l'étiez.

À retenir
● Vous heureux, c'est vraiment vous ; vraiment vous, c'est vous heureux.
● Personne ne vous sauvera : vous vous sauverez vous-même.
● On sort de la dépression en prenant un chemin qui monte.

Conseils

► Lisez ce livre tranquillement, à votre rythme, avec un crayon.

► Ensuite, appliquez les recommandations qu'il contient, en commençant par celles qui vous semblent les plus importantes pour vous actuellement. Laissez de côté celles qui ne vous disent rien jusqu'au jour où elles vous parleront.

Rendez-vous
dans le Phare

Cher lecteur, je vous invite dans le phare.

Le vôtre, même si vous l'avez oublié.

C'est un lieu sans lieu, isolé du monde, paisible, avec des couvertures en laine et des coussins couleur thé et café, cerné par l'infini bleuâtre d'un océan tranquille. Un chat à rayures ronronne près du radiateur, qui ronronne aussi.

Ce lieu est hors du temps, dont l'éternel et inoffensif ressac gronde au bas.

Qu'il est loin le *struggle for life* et sa foire d'empoigne... Puisqu'ici il n'y a rien à défendre et rien à prouver, vous pouvez vous détendre. Ou vous relaxer, comme vous voulez. Devenir un peu moins triste ou beaucoup plus heureux... le choix vous appartient.

Il vous a toujours appartenu, même si ça n'a pas toujours été aussi évident que ça le devient.

Le silence est bercé par le flot de l'océan, picoré par quelques mouettes aux cris âpres, purs et lointains. La vue est dégagée ;

une lumière subtile baigne l'atmosphère d'un charme indéfinissable. Et tandis que vous désaltérez vos yeux à l'océan et au ciel, je m'interroge...

Comment se fait-il que vous soyez prêt à remettre en cause ce qu'on a voulu vous faire croire, peut-être même ce que vous avez cru jusque-là, prêt à piquer une tête dans la fraîcheur de perspectives inédites, prêt à découvrir le monde et vous-même sous un nouveau jour ?

Est-ce simplement de la curiosité ?

Est-ce parce que vous pensez que c'est le moment ou jamais ?

Est-ce parce que vous sentez jusque dans vos os, dans vos rêves, que ça ne peut pas durer comme ça ?

Est-ce parce que vous êtes arrivé à une bifurcation, que vous tournez une page de votre vie ?

Est-ce parce que vous avez compris que c'est le seul moyen de laisser enfin le bonheur entrer dans votre existence ?

Ou est-ce pour une raison encore plus viscérale et profonde que je ne connais pas, mais vous, oui ?

Ce qui est sûr, c'est qu'une telle exploration est riche en surprises. Ce qui est sûr aussi, c'est qu'elle est passionnante, captivante, et au fin du compte, apaisante. La piste de petites fleurs laissées par ses pattes et l'ombre de ses moustaches conduisent jusqu'au chat. De même, certaines prises de conscience mènent à la sérénité : un état d'équilibre et d'harmonie s'arquant sans trouble et sans fièvre à l'image d'une mélodie de Bach ou d'un ronron en do mineur.

Partie I
Au-delà des préjugés et des clichés

Beaucoup d'idées reçues obscurcissent notre compréhension de la dépression et, plus généralement, des problèmes psychologiques. Ces idées reçues forment comme un voile de brouillard et de nuit. Quand on regarde la dépression à travers ce voile, elle paraît bien plus effrayante et insurmontable qu'elle ne l'est réellement...

La dépression
en question(s)

Quand l'orage gronde dans le ciel obscurci, qu'on a perdu ses clefs et sa joie de vivre, que le sort joue aux fléchettes et qu'on lui sert de cible, qu'un gros cafard kafkaïen a fait son nid dans le salon, on se pose toutes sortes de questions. Par exemple :

« Qu'est-ce que la dépression ? »

« Combien de temps ça va durer ? »

« Est-ce que c'est normal d'endurer ce que j'endure ? »

Dans les chapitres suivants vous allez trouver des réponses à ces questions et à quelques autres. Réponses qui vous donneront de bonnes raisons d'espérer et de respirer... de préférence à fond, en accueillant l'oxygène jusqu'au fond de vos poumons.

Gardez le sourire en attendant le retour de l'astre du jour ; il repointera bientôt le bout de ses rayons dans votre vie. D'ailleurs ce que je vous dis là, le liséré argenté des nuages moutonnant au-dessus des toits, des arbres ou des cimes des montagnes vous l'a expliqué avant moi : vous pouvez en avoir la certitude rassurante, la conviction intime et réconfortante.

« *Peut-on sortir définitivement de dépression ?* »

À cette question, beaucoup de spécialistes (médecins, psychiatres) répondent d'une manière évasive un tantinet inquiétante.

Ils disent que la dépression est souvent un trouble chronique ; que si on prend le problème à temps il se soigne bien, mais que soigner n'est pas guérir ; qu'un épisode dépressif prédispose à d'autres ; qu'on peut stabiliser et atténuer un état dépressif, mais que la dépression est une maladie récidivante...

Il y a aussi les attentes négatives qu'on se mitonne soi-même, sans les spécialistes. Lorsqu'on se sent abattu on a tendance à oublier le commencement de sa misère morale, qui se perd dans les brumes d'un passé qui semble lointain même s'il ne l'est pas, et on n'a pas moins de difficulté à envisager sa fin.

Alors, peut-on dire non seulement *bye-bye*, mais *adieu*, à la dépression ?

Peut-on s'extraire une bonne fois pour toutes de ce sinistre cul-de-sac, de ce macabre nid à cafards ?

La preuve par les autres

Oui, bien sûr que oui. Sinon je n'aurais pas pu écrire ce livre.
Vous êtes sceptique ?

Alors permettez-moi de vous poser une question. À votre avis, comment sait-on que le pic du Midi est accessible ?

Parce que des individus ont gravi ses pentes, vous avez raison. (Notez que j'ai choisi un sommet modéré qui ne dépasse pas les 3000 mètres. C'est important pour la suite de la démonstration.) Un observatoire astronomique a d'ailleurs été construit là-haut, d'où l'on peut contempler les étoiles et les gypaètes barbus.

Il en va de même avec la dépression : on sait qu'il y a moyen d'en sortir pour ne plus y revenir parce que des gens l'ont fait.

Certains se sont même installés en hauteur. Pas au septième ciel – à mon humble avis ceux qui prétendent avoir les deux pieds solidement plantés dans l'azur affabulent – mais bien au-dessus du niveau de l'amer.

Heureusement pour nous, ces individus n'ont pas jugé que leur expérience relevait de l'indicible, et leurs témoignages sont éparpillés sur la toile. J'en ai recueilli quelques-uns pour vous. Ce bouquet devrait vous encourager à grimper vers votre propre floraison d'aigles et d'étoiles :

« Je suis heureuse, je suis bien, je suis contente d'être ce que je suis, et ça, je vous assure, je ne pensais pas que ça pouvait m'arriver. »

« Pour la première fois depuis dix ans, j'ai la liberté d'être à nouveau moi-même. Je ne pourrais pas être plus heureuse que je ne le suis. »

« Je ne prends plus de médicaments et je me sens en bonne santé, calme, satisfait, armé pour faire face à la vie et à ses défis. Je sais maintenant que mon bonheur dépend complètement de moi. »

« Auparavant, j'étais très vulnérable à la dépression ; aujourd'hui ce n'est plus du tout le cas. Si quelque chose de négatif m'arrive, je me mets tout de suite au travail pour résoudre ou contourner le problème. »

« Quand les gens découvrent l'histoire de ma vie – la violence, les viols, les deuils – ils n'arrivent pas à croire que j'ai vécu toutes ces choses horribles. J'ai l'air tellement heureuse… J'ai fait le choix de ne pas laisser ces événements me tirer vers le bas. »

« Se guérir soi-même de la dépression, c'est comme se sortir d'un puits. Au début, il y a beaucoup de résistance, c'est très difficile. Petit à petit, vous gagnez du terrain. Et au fur et à mesure que vous montez, ça devient de plus en plus facile et rapide… »

« J'ai réalisé que je faisais des choix qui m'enfonçaient dans la dépression et que je pouvais faire d'autres choix qui me conduiraient au bonheur. J'ai commencé à faire ces choix, et depuis cette époque je n'ai plus jamais souffert d'un épisode dépressif majeur. »

« De temps en temps, je me réveille un peu déprimée, mais c'est rare, et je chasse ce sentiment sans difficulté. J'ai aussi appris à supporter des états d'âme qui peuvent être douloureux (états d'âme causés par les circonstances) sans y succomber pour autant. Je ne suis pas ma dépression. Ma dépression n'est qu'une émotion ; elle ne peut plus m'arrêter. »

« Je me sens bien. Je suis heureux les trois quarts du temps, et c'est comme ça depuis un bon moment. J'ai ma propre entreprise maintenant, et elle marche bien. Je suis extrêmement motivé pour réussir et améliorer ma vie. Je suis définitivement guéri de la dépression et je sais que je ne serai plus jamais déprimé, parce que je sais comment empêcher toute rechute. »

« Quand l'obscurité commençait à m'envahir, je me recroquevillais sur moi-même et la laissais m'engloutir pendant des jours, des semaines, des mois. Maintenant, quand l'obscurité arrive, je lui tourne le dos, et je marche, ou je lis, ou je fais le ménage… au lieu d'être triste ou angoissée. C'est comme si j'entendais *toc, toc* à la porte de mon esprit. Je l'ouvre, et la dépression est là, avec sa valise, prête à entrer et à s'installer. Maintenant, je ne prends plus la peine de discuter avec elle ou d'avoir peur. Je lui dis seulement : « Tu ne peux pas entrer ici. J'ai mieux à faire. » Et je claque la porte. Et ça marche ! J'ai choisi de ne plus être déprimée. »

Vous vous sentez une exception ?

Les hommes et les femmes dont vous venez de lire les témoignages avaient eux aussi l'impression d'être étrange et étrangers, radicalement différents des autres.

Vous avez la sensation d'être maudit ?

Eux aussi se croyaient victimes du mauvais sort, prisonniers des rets d'une fatalité tenace.

Vous pensez que vous êtes fichu ?

Eux aussi fouillaient dans leurs poches et n'y trouvaient ni espoir ni force intérieure.

Et pourtant, maintenant, leur vie est belle et leur moral au beau fixe (dans les limites de ce que permet la condition humaine). Ils s'en sont sortis, je m'en suis sortie : vous pouvez vous en sortir.

Depuis que le monde existe, des hommes et des femmes

surmontent des obstacles apparemment insurmontables, obstacles intérieurs ou extérieurs, et passent du désarroi et de la souffrance au bonheur et à la paix. Vous n'avez peut-être jamais assisté à une telle transformation – la plupart du temps elle est trop discrète pour faire la une des journaux –, mais elle n'en a pas moins lieu tous les jours partout dans le monde.

La prochaine fois que le découragement tentera de vous mettre le grappin dessus, relisez ces témoignages saturés de bon sens et d'optimisme – deux compagnons inséparables, quoique le premier, souvent dédaigné comme archaïque ou naïf, soit de nos jours moins apprécié que le second.

À ces preuves lumineuses, il n'appartient qu'à vous d'ajouter, peut-être bientôt, la vôtre.

Vos plus beaux souvenirs

La deuxième preuve que la dépression est réversible, autrement dit que vous pouvez être heureux, c'est que vous l'avez déjà été. Même si ça n'a été que pendant de brefs instants, vous avez déjà ressenti cet état de contentement et de paix, cette joie sans mélange.

En voyage, vous savouriez un calme inhabituel. Les problèmes et les soucis ne vous avaient pas suivi ; le dépaysement et l'anonymat vous offraient une bouffée d'innocence, un soulagement, une trêve.

À un autre moment, libre du passé comme de l'avenir, vous contempliez avec une gratitude émerveillée une vallée riante, une plage méditerranéenne, un joyau médiéval couleur d'ambre serti dans la verdure, un autre petit village tout aussi idéal, mais celui-ci blanc comme neige, éclatant de candeur sous le ciel grec, paysages émouvants comme une réminiscence du paradis terrestre ou la très belle promesse d'un paradis futur.

Ou, les yeux clos, vous écoutiez les cris des hirondelles, savourant la paix ineffable de l'été qui vous enveloppait comme une caresse, tandis que le soleil baignait tendrement vos paupières. La tristesse et la douleur s'étaient évaporées, comme la trace humide de vos pieds nus sur le bord brûlant de la piscine dont, tout à l'heure, vous fendiez l'onde.

Ou, les yeux ouverts, vous regardiez passer un nuage dans l'encadrement d'une fenêtre, et la lente et silencieuse douceur de son passage ouvrait en vous une route de lumière vers le calme. Le temps s'écoulait comme un fleuve et vous vous sentiez en harmonie avec son flux égal, sans secousse.

Ou, en tête-à-tête avec lui ou avec elle, vous lui confiez le fond de votre cœur. Dans un monde dur, un univers impitoyable et glacial, s'ouvrait le réconfort d'une bulle de respect et de chaleur. Ce moment privilégié marquait la fin de la solitude et le début d'une ère nouvelle, faite d'empathie et de fou-rires.

Ou vous attendiez les grandes vacances, l'arrivée de votre meilleur ami, un repas exceptionnel dont les arômes chatouillaient vos narines, le commencement d'un film dont vous guettiez depuis longtemps la sortie sur les écrans... Bientôt, très bientôt, vous alliez saisir l'objet de votre désir. Dans l'intervalle, votre cœur imaginait l'instant espéré en battant la mesure d'une délicieuse anticipation, et cette attente c'était déjà du bonheur, d'autant plus doux et pur que rien de concret ne s'y mêlait encore.

Ou bien vous aviez reçu une surprise, un cadeau, un lot petit ou gros : un tour de manège supplémentaire, un vélo jaune canari, un voyage en Corse, un sourire éblouissant, une seconde chance... Du coup, à l'instar de n'importe quel veinard, vous vous sentiez riche et confiant, presque béni.

Ou peut-être qu'il s'agissait moins d'un heureux hasard que de vos efforts : le problème de mathématiques sur lequel vous cogitiez depuis trois jours vous livrait enfin ses secrets ; l'appareil réparé par vos soins fonctionnait à nouveau ; quelqu'un admirait votre travail et vous en faisait part ; vous découvriez votre nom sur la liste des reçus... Pour une raison ou une autre, une bouffée de fierté redressait votre colonne vertébrale, et vous savouriez votre réussite.

Quiétude et sérénité ou joie triomphante, moment de partage et d'amour ou promesse d'un proche délice, légèreté insouciante ou victoire enivrante : quelle que soit la forme qu'ait prise votre félicité, vous l'avez vécu. Ce qui signifie que vous pouvez être heureux à nouveau – mais cette fois-ci d'une manière moins fugace et fragmentaire, et donc plus satisfaisante.

Cochons, loup et vaches

Vous dites que ce bonheur n'a aucune raison d'être plus pérenne que celui que vous avez connu avant ?

Je respecte votre scepticisme. Mais je ne le crois pas justifié. Votre bien-être à venir sera plus durable que votre félicité passée pour une bonne, pour une excellente raison : *vous allez le construire sur des bases plus solides.*

L'histoire bien connue des trois petits cochons illustre à merveille l'importance vraiment cruciale de procéder de cette manière.

Par insouciance et paresse, les deux premiers petits cochons bâtirent à la va-vite leurs logis en paille et en branchages, mais ils n'y vécurent pas heureux longtemps : le Grand Méchant Loup survint, qui éparpilla de son souffle ces piètres refuges et les croqua tout cru.

Le troisième cochonnet eut une attitude, et donc un sort, différents. Il médita, planifia, retroussa son groin à défaut de ses manches, et, petit à petit, à force de travail et de réflexion, éleva une résidence tout aussi bien pensée et exécutée qu'un château fort... Un abri, sinon antitout, du moins antiatomique et antiloup.

Résultat ?

Lorsque survint le Grand Méchant Loup affamé (affamé, car les deux petits cochons n'étaient plus qu'un souvenir depuis longtemps), celui-ci s'époumona en vain : face aux assauts de la tempête bête et brutale que le prédateur déchaîna, la consécration d'efforts intelligents – vous avez compris que je parle de la maison du troisième petit cochon – resta impassible et imperturbable.

Vous n'êtes pas sûr de voir où je veux venir ?

Alors passons par une autre parabole.

Ceux qui marchent dans la campagne sans guide et sans

repère n'évitent pas les chiens méchants, ni les décharges sauvages, ni les impasses pleines de ronces et les marécages glauques. Par contre, dès que vous vous munissez d'une carte et que vous comprenez où vous êtes et où vous voulez aller, vous rejoignez sans encombre les coins les plus verts, les plus lumineux.

Là, loin de toute angoisse, à l'image de reines de beauté rustiques et couronnées, des vaches bicolores broutent dans des champs émaillés de pâquerettes tandis que des papillons jaune-citron virevoltent coquettement autour de leurs cornes...

Résumons-nous.

À l'instar des deux premiers porcelets dans leurs chaumières éphémères, vous avez déjà été heureux par hasard, sans trop savoir pourquoi ni comment. Quand vous aurez la carte, la boussole et le plan, et que vous suivrez le plan, vous le serez bien davantage. Le savoir que vous allez acquérir en lisant ce livre (et d'autres que je vous conseillerai) va affûter votre regard et vos choix. Ce qui vous permettra de planifier et construire votre bonheur, qui sera alors un abri sûr contre les ennuis à crocs pointus et les désagréments poilus.

Tous les jours des miracles

Vous dites que vous n'avez jamais été satisfait une seule seconde au cours de votre vie ?

Je crois plutôt que vous avez oublié le versant éclairé de votre passé à force de vous obnubiler sur son côté sombre, mais soit. Admettons que vous n'ayez jamais été heureux.

Est-ce que tout est fichu ?

Pas du tout.

Même dans ce cas, vous n'êtes pas condamné au malheur.

Même dans ce cas, vous pouvez sortir de la dépression et trouver ce que vous désirez, ce que vous cherchez.

Vous voulez savoir ce qui me permet d'en être sûre ?

La marche de l'univers.

Chaque matin, la lumière de l'aube triomphe des ténèbres

nocturnes ; chaque jour, dans quelque partie du globe, la terre morte ressuscite pour se tapisser d'une végétation luxuriante ; chaque jour, des bébés voient le jour et leur mère est là pour eux, aussi avide de boire des yeux leur petit minois chiffonné que si c'était la huitième merveille du monde ; chaque jour, une métamorphose invraisemblable à laquelle j'ai déjà fait allusion change des bestioles n'ayant rien de bien sexy en créatures ailées et poétiques diaprées des plus belles couleurs ; chaque jour, la nourriture dont nous avons besoin pour continuer à vivre et aimer arrive dans notre bouche par un enchaînement complexe de causes et d'effets que nous ne maîtrisons pas, comme si elle nous était mystérieusement et souverainement destinée par le sort.

Autant d'événements stupéfiants qui ne paraissent normaux que parce qu'ils se répètent... Les miracles ne sont pas l'exception. Ils sont la règle.

Si notre planète était un tout petit peu plus proche ou plus éloignée du soleil, elle serait inhabitée et inhabitable ; si un champ magnétique ne la protégeait pas, des météorites gigantesques aplatirait ses habitants en crêpes ; si les océans n'étaient pas salés, les poissons y pourriraient avec d'effroyables conséquences pour tout ce qui vit ; si l'eau ne se dilatait pas quand elle gèle, rien n'y survivrait ; si des montagnes ne stabilisaient pas la croûte terrestre, les séismes ne nous laisseraient pas de répit ; si les tyrannosaures étaient encore là, ils ne feraient de nous qu'une bouchée ; si nous ne pouvions nous nourrir que de caviar, d'edelweiss ou de diamants, nous mourrions de faim ; si nos ongles étaient plus mous, nous ne pourrions pas faire grand-chose de nos dix doigts ; s'ils étaient plus durs, nous ne pourrions pas nous gratter sans nous griffer jusqu'au sang ; etc.

En la compagnie de tant d'heureux et incroyables hasards, la métamorphose qui change un dépressif en optimiste n'est qu'un miracle parmi d'autres.

Chaque jour, des âmes esseulées trouvent leur âme sœur ; chaque jour, des pauvres deviennent riches ; chaque jour, des couples séparés renouvellent leur amour et leurs noces ; chaque jour, des hommes et des femmes en détresse reçoivent, avec un soulagement indicible, l'aide dont ils ont besoin ; chaque jour, des problèmes apparemment insolubles sont résolus au mieux pour toutes les personnes concernées.

Si vous regardez les informations tous les jours (ce que je vous déconseille) vous avez probablement l'impression inverse, l'impression que les cataclysmes succèdent aux catastrophes sans le moindre intervalle...

Et c'est vrai.

Mais dans ce vaste monde, il y a de la place pour tout comme pour tous : les femmes comme les hommes, les noirs comme les blancs, les petits comme les grands, les gros comme les maigres, les gentils comme les méchants, mais aussi la joie comme la souffrance, le bonheur comme la tragédie, la perte comme le gain faramineux.

La vie est une échelle, dit un proverbe bulgare · *les uns montent, les autres descendent.* Tandis que des tyrans dégringolent dans les égouts et que des Bernard Madoff échouent en prison pour cent cinquante ans, des solitaires, des canards boiteux et des Susan Boyle compensent de manière spectaculaire leurs échecs et humiliations passés.

Vous aussi, vous pouvez prendre votre revanche.

Et vous pouvez faire encore mieux : vous pouvez vous libérer de tout désir de revanche. Lorsqu'on se détache enfin de ce que pensent les autres pour se donner le droit inconditionnel de vivre, l'existence devient légère et l'atmosphère se paillette de lumière.

Choix et destinée

La quatrième raison, et la principale, pour laquelle la dépression est réversible et le bonheur, accessible, c'est que...

Mais avant de poursuivre, je dois vous prévenir.

Ce que j'ai à vous dire va probablement vous sembler discutable, ou même absurde. Ne le refusez pourtant pas en bloc ; prenez-le comme une hypothèse de travail. À mesure que vous avancerez dans la lecture de ce livre, cela vous paraîtra de plus en plus plausible – jusqu'à ce que vous compreniez que c'est une vérité aussi irréfutable que $1 + 1 = 2$.

Je disais donc que la quatrième raison, et la principale, pour laquelle la dépression est réversible et le bonheur, accessible, c'est que...

Mais attendez encore un peu.

Avant d'aller plus loin, permettez-moi d'attirer votre attention sur un point. Beaucoup de spécialistes prétendent que nos états d'âme et nos émotions sont déterminés par des paramètres sur lesquels nous n'avons aucun pouvoir ; c'est aussi ce que nous avons spontanément tendance à croire. Mais en réalité, les circonstances sur lesquelles notre volonté ne peut strictement rien ne jouent pas le rôle principal dans notre évolution intérieure. Dans notre coefficient de satisfaction, l'incontrôlable sous toutes ses formes est un facteur bien moins important qu'on ne l'imagine a priori. La plupart de nos sentiments ne sont pas la conséquence directe d'événements extérieurs.

La preuve ?

Il y en a mille.

Les personnes qui, suite à un accident, perdent l'usage de leurs jambes retrouvent après quelques années la joie de vivre qui était la leur. D'une manière comparable, la plupart des gagnants du loto redeviennent rapidement aussi pauvres et démoralisés qu'avant d'avoir « de la veine » – qui, par conséquent, n'en était pas. Et inversement, lorsque les millionnaires qui se sont faits eux-mêmes sont confrontés à la faillite et à l'échec, ils gardent une attitude combative et optimiste et récupèrent, ou dépassent, le niveau de prospérité qui était le leur antérieurement.

Ne vous laissez donc pas impressionner par ces grands événements terrifiants auxquels nous ne pouvons pas grand-chose, comme les catastrophes climatiques, les deuils ou les chagrins d'amour. À long terme, ce ne sont pas eux qui décident de notre avenir intime, pas eux qui fixent notre degré intérieur de satisfaction ou de mauvaise humeur, d'anxiété ou de quiétude.

Et maintenant, entrons dans le vif du sujet.

La quatrième raison, et la principale, pour laquelle la

dépression est réversible et le bonheur, accessible, c'est que *nos choix déterminent notre futur*. Ils sont autant de coups de ciseau avec lesquels nous sculptons le marbre de nos vies.

Qu'on en ait ou non conscience, chacun est l'artisan de son bien-être et de son infortune, l'auteur de sa destinée, le maître de son devenir. La seule personne que vous êtes destiné à être est celle en laquelle vous vous changez en décidant ce que vous décidez.

Ce point est tout à fait crucial ; si de ce livre, vous ne reteniez que celui-là, ce serait déjà quelque chose.

— Mais (dites-vous) je n'ai pas choisi ma désastreuse enfance ! Je n'ai même pas choisi de *naître* !

Vous avez raison de le souligner car l'idée que nous sommes maîtres et auteurs de notre destinée est, de nos jours, élargie outre mesure et poussée jusqu'à l'absurde.

Ainsi d'après les gourous du Nouvel-Âge nous créerions de A à Z notre propre réalité, contrôlant le déroulement de notre existence à un niveau surnaturel et métaphysique.

C'est nous qui, avant de naître, aurions décidé d'avoir le nez en trompette ou les pieds plats. Nous voulions débarquer dans telle ou telle famille parce que nous savions qu'avec des parents pareils nous apprendrions la compassion, le système D, et à jouer du youkoulélé.

La seule chose qui nous empêcherait de prendre conscience qu'absolument toutes les circonstances de notre vie, nous les avons choisies, serait l'oubli. Nous serions non seulement des aigles se prenant pour des dindons – jusque-là d'accord – mais des êtres tout-puissants jouissant d'une liberté illimitée dont ils auraient perdu la clef... autrement dit, des dieux amnésiques souffrant d'un complexe d'infériorité.

Mouais.

Un dieu qui fut d'abord une goutte de sperme, qui va aux toilettes plusieurs fois par jour, qui s'escrime avec des savonnettes à la lavande et des sticks à l'aloès pour ne pas puer, qui devient gâteux quand il devient vieux, qui a peur des araignées, de l'orage, du fisc ou d'autre chose, et en tous les cas de quelque chose, qui ne peut pas se passer de nourriture et qui n'est même pas capable d'éviter la mort, est-il vraiment un dieu ?

Moi aussi j'ai un doute...

Vous avez raison de le dire : notre libre arbitre est limité. Prétendre le contraire, c'est plaquer la saine logique pour convoler (civilement, car à l'église c'est encore un peu compliqué) avec le père Noël.

Mais cela annule-t-il notre pouvoir personnel ?

Pas du tout.

En effet par nos choix d'adultes nous n'en façonnons pas moins l'essentiel : notre malheur ou bonheur d'aujourd'hui et de demain. La plus petite de nos décisions est souvent plus déterminante pour la suite de notre existence émotionnelle que la plus grande chance ou malchance qui nous arrive sans que nous y soyons pour quelque chose.

À terme, ce qui compte pour votre avenir moral comme pour votre avenir tout court, c'est ce vous faites et dites, ainsi que toutes les paroles et actions dont vous vous abstenez, autrement dit le chemin que, librement, vous empruntez...

Voici un témoignage – tiré d'Internet, comme la plupart de ceux que vous lirez dans ce livre – qui vous aidera à vous en convaincre :

> « D'où vient le bonheur ? Il ne nous est pas donné en cadeau par une bonne fée, mais résulte plutôt de certaines décisions que n'importe qui peut prendre. J'avais vingt et un ans, j'étais misérable, désespéré, mais j'ai appris quelles sont les choses qui feraient mon bonheur et j'ai relevé le défi : j'ai assumé la responsabilité de les faire. Ce n'est pas de l'égoïsme. Seuls les gens vraiment heureux ont la liberté d'être généreux. Ce n'est pas faire preuve de superficialité ou d'égocentrisme que de vouloir être heureux, c'est plutôt le premier pas qui conduit à une existence digne d'être vécue. Maintenant, je suis bien dans ma peau et j'aime la vie qui est la mienne. Vous pouvez faire ce choix vous aussi. C'est du travail, mais ça vaut le coup ! »

Les actes que nous accomplissons et ceux que nous ne faisons pas, les paroles que nous prononçons et celles que nous n'énonçons pas, tous nos choix et nos non-choix sont des pas qui nous mènent inévitablement dans une direction ou une autre. Même quand on a la sensation de stagner, que l'on croit faire du surplace, on se déplace.

Vers où ?

Tout est là.

Ce peut être vers plus de faiblesse, de souffrance, de maladies et d'angoisse comme ce peut être vers plus de force, de calme, de gaieté et d'amour.

On peut avoir l'impression de ramer à fond de cale – et quand on l'a, on ne respire pas précisément la joie de vivre – mais en réalité nous tenons toujours la barre. C'est nous qui donnons le cap, dirigeant notre navire vers des récifs naufrageurs, le triangle des Bermudes ou (mieux) vers la rade d'une île idyllique.

Et nous ne faisons pas que naviguer car dès que nous mettons pied à terre, nous nous mettons illico à semer frénétiquement, à l'instar de l'effigie des anciens francs.

Quoi, au fait ?

Tout dépend de ce qui prédomine en nous.

Quand les vieux réflexes nous dominent, c'est l'angoisse, la tristesse, la confusion, le négativisme et l'isolement que nous semons. Avec le temps, ces graines poussent et donnent naissance à des orties, des amanites phalloïdes et des nains de jardin hideusement kitsch qui ne ressemblent ni à Simplet, ni à Atchoum, ni à Prof, ni à Timide, ni à Dormeur, et encore moins à Joyeux.

Juste à Ronchon.

Par chance, en ce monde rien ne dure éternellement, et un jour – un beau jour même si les douze coups de minuit sonnent solennellement tandis que la foudre déchire l'obscurité mouillée – au cours d'une lecture éclairante et transformatrice, nous prenons conscience de notre erreur et nous commençons à nous mettre au travail. Sérieusement.

C'est ce que vous faites actuellement.

En cet instant bien précis, vous êtes en train de planter dans votre esprit, et donc dans votre existence, des graines de force, de calme, de joie et d'amour.

Si vous les arrosez, un jour ou l'autre ces semences se changeront en sveltes arbrisseaux qui, devenus arbres touffus, donneront des fruits pourprés, veloutés et juteux. C'est alors qu'un oiseau d'une beauté et surtout d'une couleur extraordinaires se posera dans leurs feuillages pour les picorer allègrement. Cet oiseau, d'un bleu paradisiaque de lagon bleu, est celui du bonheur.

Que cela vous saute aux yeux ou non, apprendre que nous sommes les artisans de notre malheur et de notre bonheur est une bonne nouvelle. N'ayons pas peur des mots : une excellente, merveilleuse et génialissime nouvelle.

Découvrir que nous sommes le Michel-Ange – plus ou moins doué, certes, mais c'est en sculptant qu'on devient sculpteur, de même que c'est en forgeant qu'on devient forgeron – de notre existence ne doit-il pas nous mettre du baume au cœur et du cœur à l'ouvrage ?

Nous ne sommes pas les victimes passives des circonstances mais des artistes, des créateurs. Notre destinée est entre nos mains.

Et je vous rappelle au passage que les retombées de notre libre arbitre débordent notre seule vie : notre histoire étant reliée à celle de nos semblables par mille petits fils invisibles, mille fibres sensibles, chacune de nos décisions rejaillit au-delà de notre périmètre étroitement personnel... Malgré les apparences, il s'agit là encore d'une bonne nouvelle.

Souvenez-vous aussi que tous nos choix comptent, y compris les minuscules. Même eux ont un enjeu ; même eux sculptent notre existence. Ceux que nous prenons sans réfléchir, souvent de manière automatique, semblent mineurs, mais n'en ont pas moins des répercussions majeures sur notre destinée.

En Turquie, à une époque où des machines à roues et à moteur n'avaient pas encore supplanté les fougueux destriers, les haridelles et les bidets, circulait un dicton dont, aujourd'hui, la sagesse intemporelle n'a pas cessé d'être vraie :

Un clou peut sauver un fer, un fer un cheval, un cheval un cavalier et un cavalier un pays.

Peut-être ferez-vous demain un geste, par exemple donner de

l'argent à un pauvre, sourire à une mamie, offrir un livre utile à quelqu'un ou lui dire une vérité qu'il eût été nettement plus facile de passer sous silence, qui attirera par un enchaînement impossible à prévoir comme à saisir une chance extraordinaire dans votre vie et sauvera même d'autres existences : petite cause, grand effet.

Bref, le facteur le plus déterminant dans votre destinée, c'est vous.

À retenir

- D'autres s'en sont sortis.
- Vous avez déjà été heureux, donc vous pouvez l'être à nouveau.
- Chaque jour, le jour chasse la nuit tandis que des chenilles se changent en papillons : miracles et métamorphoses sont la règle.
- Les limites de notre liberté ne l'annulent pas.
- À terme, ce ne sont pas les circonstances qui façonnent notre existence. Votre bonheur dépend de vous, c'est-à-dire de vos décisions.
- Même les choix les plus microscopiques ont des conséquences au long terme.

« Qu'est-ce que la dépression ? »

Excellente question.

Hélas, personne ne connaît vraiment la réponse. Les spécialistes l'envisagent de toutes sortes de manières et croyez-moi, mieux vaut éviter de pénétrer trop avant dans le labyrinthe de leurs concepts : on sait quand on y entre, on ne sait pas toujours quand et dans quel état on en sort...

Si vous le permettez, nous en resterons donc pour l'instant à une définition très simple, voire trop simple : la dépression est « un malheur qui dure ».

Au-delà du mystère

Malheur causé par quoi ?

Certains estiment que pour parler de dépression, il faut que son origine reste mystérieuse et indéfinie ; d'après d'autres, même la douleur faisant nécessairement suite à la disparition d'un être aimé mériterait le nom de dépression.

L'essentiel est de garder à l'esprit que toute souffrance durable a des causes, que celles-ci soient flagrantes ou problématiques, patentes ou cachées. La loi de causalité qui régit l'univers ne connaît pas d'exception. Pas d'orage sans nuages, pas d'ortie sans racine, et quand un lapin blanc surgit d'un haut-de-forme noir, ce n'est pas un miracle : il y a un truc.

Bref, un mal-être peut être inexpliqué, il n'est jamais inexplicable ; même les dépressions « sans cause » en ont une. Quand on broie des idées noires, c'est pour une raison – au moins une, souvent plusieurs.

La logique de vos émotions ne vous saute pas aux yeux ?

Sous la surface elle n'en est pas moins présente. La pire avalanche de sentiments contradictoires cache toujours un ordre et l'harmonie d'une cohérence.

Si j'insiste sur ce point, c'est que vous vous culpabilisez peut-être, comme beaucoup d'autres personnes sympathiques qui pensent : « Je ne *devrais pas* me sentir comme ça... C'est absurde ! » Cette réaction n'est pas du tout appropriée.

Et c'est justement parce qu'elle suit une logique que la dépression est guérissable. À la différence de la vieillesse et des impôts, ce n'est pas une fatalité mais plutôt un problème solvable au même titre qu'une fuite de plomberie ou un caniche désobéissant : on *doit* lui mener la vie dure parce qu'on *peut* en triompher. Il suffit pour cela d'agir sur ses causes.

Ceci dit, il est vrai que la durée minimale de certains chagrins naturels n'est pas compressible, mais même dans ces cas-là on peut toujours trouver le moyen de vivre mieux, ou moins mal, la période d'inévitable souffrance et de faire en sorte qu'elle ne se prolonge pas au-delà.

Bain de pied et dents de la mer

Cette définition de la dépression comme « malheur durable », quoique aussi neutre que possible, ne l'est pas tout à fait. En effet dès qu'on aborde ce sujet délicat on s'engage dans un sens : on dramatise ou on minimise.

En lisant ce livre, vous aurez parfois l'impression que je parle de la dépression avec trop de légèreté – comme si je prenais une montagne pour une taupinière, ou plutôt, puisqu'une dépression est un creux, un gouffre pour un nid-de-poule. Mais peut-être (on ne sait jamais) que vous aurez l'impression inverse, celle que j'en rajoute, faisant passer un verre d'eau pour l'immense océan...

Alors la dépression : baïne ou abysse ?

Pédiluve, c'est-à-dire bain de pied, ou mystérieuse faille sous-marine – le genre d'abîme dont on ignore le fond et d'où les sondes ressortent proprement sectionnées par des « dents de la mer » encore inconnues ?

Il n'y a pas de réponse simple à cette question.

On peut mesurer objectivement un éléphant (environ trois mètres) ou un sphinx tête-de-mort (six centimètres d'envergure) mais pas la dépression. Étant une réalité émotionnelle, elle n'a pas de forme fixe, et sa taille fluctue en fonction de nombreux paramètres.

Parmi lesquels le langage.

En effet les dimensions de la dépression changent en fonction des mots qu'on emploie pour parler d'elle. En la dramatisant, on la dilate ; en la minimisant, on la rapetisse et l'abrège.

Je ne veux pas dire par là que la dépression semble plus anodine quand on se tourne vers des euphémismes, ni qu'elle paraît plus grave lorsqu'on emploie des termes forts, même si bien sûr c'est le cas, mais bien qu'elle est plus ou moins facile à gérer selon les noms dont on la baptise.

Envisager le malheur durable, ou dépression, comme une « pathologie récidivante et invalidante », une « maladie mentale chronique et incurable », un « cancer de l'âme », etc., l'envenime dangereusement ; le définir comme un « cafard », un « coup de blues », un « passage à vide », une « phase de transition », un « temps de latence », un « moment de réflexion », voire « une période de remise en question très nécessaire », l'atténue, l'apaise et la lénifie... Mais nous reviendrons plus tard sur ce point, qui n'a rien d'un détail.

Un hippopotame au petit déjeuner

Je pense que vous serez d'accord : colossale ou dérisoire, la dépression constitue un problème pour la personne qui se trouve à l'intérieur et qui n'a pas encore découvert ses multiples issues de secours.

Mais est-ce vraiment *un* problème... ou *plusieurs* ?

Autrement dit une somme de difficultés de moindre importance ?

Beaucoup de spécialistes parlent du malheur durable, ou dépression, comme le philosophe grec Démocrite (qui vécut au quatrième siècle avant notre ère) décrivait l'atome. Pour eux, c'est un élément indivisible. Ce point de vue, qui n'a rien de bien encourageant, n'aide pas non plus à y voir clair.

Car la dépression n'est pas un monolithe.

Elle est constituée de peur, de tristesse, d'une manière de se tenir voûté, de tics de langage – par exemple « ça me dégoûte » –, d'habitudes alimentaires hasardeuses, etc. La dépression n'est, au fond, rien de plus que le nom dont on chapeaute une somme de désagréments ou de problèmes moins importants. On peut toujours la scinder en éléments plus petits.

C'est d'ailleurs une excellente idée.

Divide et impera, nous conseille la sagesse des nations par le biais d'un proverbe antique. Effectivement on règne d'autant mieux qu'on divise. Pour prendre le contrôle sur ses états d'âme, il est bon de les découper en tranches ; pour triompher de la dépression, envisager séparément ses différentes parties est une stratégie qui n'est pas dénuée d'intérêt. C'est le moyen de ne pas se sentir submergé par le tout qu'elles composent.

À l'époque je partageais mon appartement avec mon amie Ophélie, qui à cette période de son existence n'était pas moins malheureuse que moi, je la découvrais souvent en larmes sur le canapé du salon, un girafon en peluche dans les bras. Et chaque fois, nous avions le même dialogue :

Moi : Mais qu'est-ce qui te fait pleurer, exactement ? À quoi tu penses ?

Elle : Non… Rien… C'est pas la peine.

Moi : Mais si, dis-moi ! Peut-être qu'il y a une solution…

Elle : De toute façon ça ne sert à rien… [*Sanglots mouillés.*] C'est un TOUT !

C'est vrai : la dépression est un tout. Et c'est précisément parce que c'est un tout qu'il vaut mieux la découper en tranches. On ne mange pas un hippopotame comme une cacahuète ; pour le mammifère aquatique il faut plusieurs bouchées.

Des émotions aux résultats

Mais revenons sur cette notion de problème. Pourquoi la dépression en constitue-t-elle un, ou plusieurs ?

Ce n'est pas uniquement parce que les émotions qui la caractérisent sont si atroces (dans la perspective « abysse »), ou du moins si fâcheuses et enquiquinantes (dans la perspective « baïne »).

C'est aussi parce que, lorsqu'on est sous l'emprise de ces émotions indésirables, on n'agit pas de la même manière, et donc on n'obtient pas les mêmes résultats, que lorsqu'on ressent de la joie, de la curiosité, de l'amour, de l'enthousiasme ou de l'espoir.

Dans *émotion*, il y a *motion* : nos sentiments nous poussent, nous tirent, nous électrisent... et parfois nous figent en plein élan comme un arrêt sur image. Certains états d'âme ont des pattes de pur-sang et des ailes de victoire : à califourchon sur leur dos, un marathon n'est plus qu'une promenade de santé. D'autres ont des semelles de plomb : dès qu'on les enfile, le plus petit effort devient tout un calvaire.

Dans un certain état émotionnel, on saute de son lit en sifflotant, on abat vite fait bien fait une grande quantité de travail avec la même facilité que s'il s'agissait de prendre une douche, on tisse des relations affectueuses et harmonieuses avec ses semblables, et on trouve un billet de vingt euros sur le trottoir.

Dans un autre état émotionnel, on se traîne hors de son lit en soupirant à fendre l'âme, on ne prend pas de douche parce que ce serait trop de travail, on ne communique avec les autres que pour râler ou pour geindre, et on ne voit pas le billet de vingt euros sur le trottoir parce qu'on garde les yeux rivés sur les crottes de chien.

On appelle « dépression », le vécu de quelqu'un qui s'est enlisé dans un état d'âme de ce genre – un état qu'il perpétue malgré lui jour après jour par des habitudes mal choisies. Du coup, cette personne n'arrive pas à se comporter comme elle voudrait ni à obtenir ce qu'elle désire.

La dépression est l'état émotionnel le plus stérile, celui à partir duquel on est incapable de réaliser ses ambitions. Déprimé, on procrastine, on voit des obstacles insurmontables partout, et on a besoin de toute son énergie pour laver deux fourchettes.

Pour recevoir de la vie sa part de gâteau aux cerises, il est impératif de sortir de cet état pour entrer dans un autre plus fécond, parce que plus joyeux.

Lorsque votre volonté d'amélioration faiblira, ce qui nous

arrive à tous de temps en temps, lorsque vous serez tenté de vous abandonner au cynisme, au découragement, aux idées noirâtres, souvenez-vous donc de ceci : *la dépression vous sépare de vos rêves.* Pour les rejoindre, pour les étreindre, pour les changer en réalité, vous devez absolument franchir cet obstacle.

Les saisons de l'âme

On assimile très souvent la dépression à une maladie, métaphore qui passe pour une vérité littérale auprès de ceux, nombreux, qui la prennent au pied de la lettre... on verra plus loin avec quelles conséquences. Une autre métaphore moins populaire mais sans doute plus appropriée assimile cet état d'âme à une période de l'année : la dépression est l'hiver de l'âme.

Dans la vie, il y a des hauts et des bas, personne ne prétendra le contraire. D'une manière tout aussi incontestable, dans l'année il y a des saisons clémentes et d'autres qui le sont moins. Aux collines du bien-être et aux cimes de l'enthousiasme et de la joie correspondent le printemps et l'été chaleureux ; aux vallons creusés par la tristesse et le manque, l'hiver morne et sec. La dépression est comparable à cette saison inhospitalière.

En janvier, la nature se repose, et son sommeil réparateur est si profond qu'il ressemble à un coma. Le climat est revêche, morose. Tout paraît mort et désespéré, quoiqu'en sous-main, le muguet de mai prépare déjà l'éclosion festive de ses clochettes enfantines.

La métaphore qui rapproche la dépression d'une saison permet de mettre en lumière son caractère provisoire. L'hiver ne se prolonge jamais plus de quelques mois : on ne l'a jamais vu lambiner jusqu'à juillet. De même, la durée de la dépression est limitée.

C'est pour cela que, dès l'introduction, je vous signalais que pour que votre dépression tire sa révérence, vous n'aurez probablement besoin que d'un peu de patience : la saison des frimas et du verglas ne persiste pas éternellement. Ne soyez pas inquiet ; ce mal-être ne va pas durer. D'ailleurs, est-ce que vous ne sentez pas déjà sur votre peau, ou sur votre esprit, comme une caresse subtile ? C'est l'haleine du printemps rayonnant et fleuri ; l'âge de glace va bientôt lui céder la place.

Bien sûr, comme toute similitude, le rapprochement entre la dépression et l'hiver n'est pas pertinent à 100 %. La métaphore a ses limites. Il y a une différence non négligeable entre l'état d'âme qu'on surnomme *dépression* et cette saison ; nous verrons laquelle tout à l'heure.

Pas de salade

Vous connaissez maintenant la réponse à la question « Qu'est-ce que la dépression ? » Passons sans tarder à...

Mais je vois que vous avez l'air déçu.

Vous espériez autre chose ?

Peut-être une définition plus scientifique de la dépression, des listes de symptômes, des pourcentages, des statistiques, des scanners en couleur de cerveaux spleenétiques... bref, la salade habituelle.

Si ce n'est salade au sens de « fariboles », du moins au sens de « hors-d'œuvre ». L'approche scientifico-statistique de la dépression titille le désir de comprendre sans le combler. En poursuivant votre lecture, vous découvrirez que vous pouvez très bien vous en passer : ce n'est pas le plat principal.

Certains lecteurs (je suis sûre que vous ne serez pas de ce nombre) vont trouver ça difficile à admettre, mais pour déchiffrer nos émotions et apprendre à les dominer, à les diriger, nous n'avons pas besoin de savoir quel est le pourcentage exact de déprimés dans le monde, ni quelle zone précise de notre cerveau s'éteint et se met en berne, ou au contraire s'illumine et se dilate, selon que l'on des rumine des idées noires ou que l'on grignote aimablement des pensées couleur de rose.

De plus toutes ces listes, pourcentages et statistiques, quoique scrupuleusement corrects, espérons-le, sont trompeurs. Ils nous laissent entendre que la dépression n'a plus de mystère pour la science alors que celle-ci est loin d'avoir déchiffré tous ses mystères. Aux subtilités de l'âme, que peut comprendre la science de la matière ?

Ceci dit, des informations, je vous en donnerai, et beaucoup. Simplement ce ne seront pas celles auxquelles vous vous attendez. D'ailleurs, je me délecte à l'avance de la surprise, peut-être même de la stupeur, qui se peindra sur votre visage lorsque vous découvrirez dans ces pages certains secrets, sinon sidérants, du moins inouïs, sulfureux... et salvateurs.

À retenir

- Personne ne souffre sans raison.
- En définissant leur taille et leurs contours, les mots que nous employons influencent en largeur et en profondeur nos expériences émotionnelles.
- La dépression n'est pas le fond du problème. Quand on l'a identifiée, tout reste à faire.
- L'hiver dépressif, qui n'a qu'un temps, laisse immanquablement place au printemps.
- À chaque humeur correspond un éventail plus ou moins large de comportements et d'actes. Dans celle qu'on surnomme *dépression*, il est difficile, voire impossible, d'agir efficacement.
- Pour expliquer nos états d'esprit et d'âme, la science matérialiste est aussi bien placée qu'un spéléologue pour décrire les constellations qui scintillent dans le ciel estival au-dessus de la grotte qu'il explore avec minutie.

Conseils

▶ Ne prenez pas la dépression pour l'atome de Démocrite. Ce n'est pas le terminus de la réflexion : au-delà de cette limite votre intelligence est toujours valable.

▶ Lorsque vous parlez de vos émotions, évitez le jargon médical. S'il permet d'approfondir la dépression, c'est uniquement au sens où il la creuse.

▶ Scindez vos problèmes ; vous les résoudrez plus

facilement.
► Soyez patient.

« *Combien de temps vais-je rester déprimé ?* »

Les hôtes de Fleury-Mérogis veulent savoir le nombre d'années ou de mois qu'ils vont y rester. Beaucoup de personnes troublées et malheureuses voudraient, elles aussi, savoir combien de temps elles vont passer dans ce qui leur semble être une prison pas plus gaie, pas plus coquette, pas plus lumineuse, pas plus parfumée à la rose.

Elles interrogent avec anxiété leurs médecins, leurs psys, les membres de leur famille, leurs meilleurs amis, et même des internautes inconnus :

« Combien de temps vais-je rester déprimé ? »

« Dans combien de temps pourrai-je aller mieux ? »

« Je suis en dépression depuis un moment... Combien de temps met-on pour se remettre d'une dépression ? »

« Je fais une dépression depuis six mois. Chaque jour est une souffrance et j'ai hâte de m'en sortir. Combien de temps faut-il pour reprendre le dessus ? »

Vous aussi, vous vous demandez quand est-ce que vous irez mieux ?

La question est légitime mais ni moi, ni personne ne peut y apporter une réponse univoque.

Une saison pas comme les autres

La question « Combien de temps vais-je rester déprimé(e) ? » présuppose en effet que la dépression est tout à fait comme l'hiver. Or, vous l'avez compris, l'analogie n'est pas pertinente jusqu'au bout.

Que nous nous emmitouflions dans une doudoune ou que nous bravions le froid en manches courtes, que nous rouspétions contre les intempéries ou que nous nous blottissions avec volupté devant un bon feu de cheminée, l'hiver n'en sera ni plus long, ni plus court.

Mais la dépression n'est pas une saison comme les autres ; sa durée dépend de nous. Lorsqu'on se pelotonne dans des idées optimistes et réconfortantes, on l'abrège. Lorsqu'on ronchonne contre son mauvais temps en injuriant le sort, lorsqu'on maudit Dieu ou l'Univers, on la prolonge.

Je pense que vous l'avez déjà compris, mais c'est un point tellement important que je me permets d'insister un peu : déprimé, on n'est pas la victime d'une puissance maléfique sur laquelle on ne peut rien ; on est plutôt la victime de ce qu'on a cru, pensé, choisi et agi jusque-là. (Sauf bien sûr quand *dépression* est le pseudonyme donné à un chagrin naturel et inévitable tel que celui qui fait suite à un deuil, à une séparation, au manque de loyauté d'un ami, etc.)

Les mauvais choix – dont la plupart ont l'ignorance pour mère – enfoncent dans la dépression, tandis que les bons choix – qui sont presque toujours conscients et informés – aident à s'en extraire.

L'individu déprimé s'est rarement mis tout seul dans ce bourbier mais c'est lui qui y reste.

Et c'est aussi lui qui, par ses efforts et son intelligence, s'en sort.

Demander aux autres – y compris aux spécialistes – « Combien de temps vais-je rester déprimé ? » a donc autant de sens que si Georges demandait à son voisin combien de temps lui, Georges, va rester rondouillard ou endetté. Non seulement le voisin n'en sait rien, mais la seule personne qui puisse éventuellement avoir des lumières à ce sujet, c'est Georges, c'est le principal intéressé.

Bref, la durée d'une dépression dépend étroitement de la manière dont on y réagit.

Conformisme et charlatans

Pour que l'hiver dépressif laisse place au printemps folâtre et enjoué il faut avant tout s'abstenir de faire les choix désastreux qui prolongeraient artificiellement sa durée.

C'est-à-dire ? Quels « choix désastreux » ?

Vous avez raison de poser la question, et vous n'aurez pas à attendre longtemps la réponse : ce sont les choix que l'on fait par conformisme.

Mais peut-être voulez-vous une définition du conformisme.

Je vous propose la suivante : le conformisme est « un déni contre nature de son authentique personnalité entretenu par la peur des autres et de leur jugement ». Renoncer à vivre sa vie et ses rêves par crainte de déplaire, de sortir de l'anonymat, de se distinguer de la foule, c'est du conformisme.

Si la vie est un périple terrestre ou maritime, et la confiance en soi notre moyen de locomotion, les choix conformistes éraflent les pneus du véhicule, la coque du navire. Trop de choix de ce genre, et on se retrouve avec une épave qui s'abîme à la casse. Choisir le conformisme, choisir *par* conformisme, c'est se méfier de soi.

Ce qui éloigne le bonheur à coup sûr, et pour longtemps.

Un autre choix désastreux consiste à se tourner vers des charlatans pour leur demander de l'aide. Ces sinistres individus tendent une main secourable à leurs clients ou patients et, avec l'autre main, leur enfoncent la tête sous l'eau, tout en leur racontant qu'ils les sauvent... Manière de fidéliser leur clientèle et de perpétuer le besoin qui les fait vivre.

Mais comment reconnaître ces dangereux imposteurs ?

Peu de charlatans portent ce titre gravé en belles lettres sur leur plaque, juste après leur nom. Pas si bêtes. Un imposteur qui aurait la réputation d'en être un devrait bientôt fermer boutique. Comment, donc, reconnaître les charlatans pour les faux jetons qu'ils sont vraiment ?

À ma connaissance il n'y a pas de moyen sûr.

C'est pourquoi je me suis efforcée de démasquer dans ce livre quelques bonimenteurs très respectés que leur réputation de compétence et leur crédibilité (fondées sur des titres authentiques et de véritables diplômes) rendent singulièrement dangereux.

Venons-en maintenant à un choix encore plus catastrophique

que les précédents. D'une manière très logique, ce choix funestes consiste à se tourner vers des *charlatans* par *conformisme*.

À prendre une autoroute qui se termine en impasse sordide parce que « tout le monde » nous la conseille et que nous croyons que « tout le monde » sait mieux que nous ce qui est bon pour nous. À demander de l'aide à des loups parce qu'on bêle dans un troupeau qui les prend pour des bergers.

Bref, à se perdre avec les autres par crainte de s'égarer tout seul.

Si, donc, vous devez faire de mauvais choix, faites au moins des mauvais choix personnels. Allez chercher de l'aide là où vous avez envie d'en chercher. Que vos erreurs vous ressemblent ; qu'elles reflètent avec la plus haute fidélité vos désirs et aspirations profondes.

De cette manière vous ne prolongerez pas votre dépression au-delà de ses limites naturelles.

Attendez-vous au bonheur

La durée de la dépression est aussi liée à nos croyances : s'attendre à ce qu'elle dure, c'est différer sa fin.

Alors si une voyante, ou un praticien de la santé mentale, vous annonce que votre dépression va persister encore cinq jours, puis s'effacer comme la brume matinale au soleil qui la dissipe, croyez-la, croyez-le.

Mais si un psy ou Madame Irma vous prédit que votre dépression va durer encore cinq ans, ou pire se prolonger autant que votre vie, faites fi de sa prédiction défaitiste. Quoique payante, elle est gratuite : en réalité il ou elle n'en sait rien.

Et dans tous les cas, souvenez-vous que votre vie est *votre* vie.

À retenir
- La seule personne qui pourrait éventuellement savoir quand

---

votre mal-être cessera, c'est vous.

• Les mauvais choix enfoncent dans la dépression et l'éternisent ; les bons choix l'abrègent.

• Le conformisme est un manque de courage.

Conseils

▶ Ne prenez pas une route uniquement parce que beaucoup de monde s'y engouffre. Ce n'est pas en fiant à son instinct grégaire qu'on sort de la dépression.

▶ Ne faites pas confiance aux oiseaux de mauvais augure qui veulent à tout prix vous convaincre que vous êtes condamné par une maladie chronique incurable ou une conjonction lune-saturne. Croyez plutôt ceux de bon augure (colombe de la paix, oiseau de paradis, colibri, etc.) qui vous disent que vous serez bientôt sur pied, souriants et heureux de vivre. Ils ne lisent pas l'avenir, mais dans la mesure où ils croient à votre chance, ils vous donnent une de leurs plumes pour l'écrire.

« J'ai tout pour être heureux, alors pourquoi est-ce que je déprime ? »

C'est une impression troublante. Étrange. Vraiment bizarre. Vous l'avez peut-être déjà éprouvée.

Quelle impression ?

Celle que tout va bien et mal en même temps. Le soleil est éclatant, l'ombre fraîche et nette, les tourterelles à bec rose et collier blanc roucoulent sur les fils téléphoniques, on n'a apparemment aucun problème d'aucune sorte, et pourtant on souffre :

« J'ai tout pour être heureux. Mais il y a toujours cette espèce d'inquiétude... »

« J'ai tout pour être heureux, mais par moments, je me sens mal à en mourir. »

« J'ai tout pour être heureux, alors pourquoi est-ce que j'ai des pulsions de suicide ? »

« Je suis déprimé sans raison. Tout va bien dans ma vie, j'ai tout pour être heureux, et pourtant je dors mal, je me sens angoissé... »

À une époque, j'avais la même pensée. J'étais jeune, jolie, en bonne santé, et je réussissais brillamment mes études. Je n'avais a priori aucune raison de souffrir. C'est d'ailleurs ce que disait ma mère quand je lui faisais part de mon mal-être. Elle disait : « Ce n'est pas logique ! »

Mais comme nous l'avons vu, la loi de causalité ne connaît pas d'exception, et ce qui semble absurde en surface est toujours cohérent à d'autres niveaux.

Ce qui manque

Pourquoi ceux qui ont « tout pour être heureux » ne le sont pas ? En fin de compte, qu'est-ce qui leur manque ?

Parfois, rien de plus que la tournure d'esprit nécessaire pour être heureux.

Ce qui n'est pas rien. Loin de là.

Et parfois, il leur manque et cette tournure d'esprit, et quelque chose d'autre – quelque chose d'essentiel et de cardinal dont l'absence les fait souffrir sans qu'ils s'en doutent...

Les besoins métaphysiques

On peut trouver ça regrettable ou au contraire s'en réjouir (après tout la satisfaction d'un besoin est toujours un plaisir), mais la réalité est que nous avons de nombreux besoins à satisfaire.

Les besoins physiologiques, d'abord – besoins d'air, d'eau, de nourriture, d'un abri, de sommeil, de sexe. Ces besoins-là sont si évidents que personne n'ignore leur existence. Mais il est des besoins d'un autre ordre.

On peut manquer d'autre chose que de pain ; il est des choses – quoique ce mot ne leur convienne pas vraiment – invisibles et immatérielles qui sont tout aussi vitales que la nourriture. Quand on en est sevré, on ressent une tristesse latente, une insatisfaction diffuse, parfois de l'angoisse et même du désespoir.

À sa manière poétique et laconique, Emily Dickinson (1830-1886) l'a fort bien dit :

> « Ce monde n'est pas Conclusion – Un ordre existe au-delà
> – Invisible, comme la Musique – Mais réel, comme le son »

Le monde matériel n'est pas le seul monde, et l'essentiel se voit rarement à l'œil nu, ni d'ailleurs à l'œil revêtu de lunettes. Une existence qui ne se ressource jamais à l'ordre invisible dont parle Emily, qui ne se renouvelle jamais aux principes, valeurs et souffle d'un monde plus vaste, s'asphyxie lentement mais sûrement ; vivre préoccupé uniquement de ce qui se voit, se touche et se goûte, ce n'est pas tout à fait vivre.

Dans bien des cas, la *dépression* est l'étiquette posée sur le mal-être d'un homme (ou d'une femme) privé d'un certain repos métaphysique, affamé d'une pitance invisible et immatérielle dont il ne peut se passer sans dommage, assoiffé d'une boisson désaltérante qui ne se mesure pas en litres.

L'inconscience matérialiste

Les besoins métaphysiques étant difficiles à cerner, il arrive que l'on ne soit pas conscient de ceux que l'on éprouve. À ce propos, le philosophe et théologien Saint Augustin (353-430) disait :

> « Les riches : vous voyez bien ce qu'ils ont, vous ne voyez pas ce qui leur manque. »

Mais peut-être m'objecterez-vous que Saint Augustin est plus réputé pour ses trésors de sagesse que pour sa fortune personnelle... Comment aurait-il pu savoir ce qui manque aux riches, lui qui ne l'était pas particulièrement ?

D'accord. Demandons plutôt son avis à l'un des hommes les plus puissants du monde, le célèbre et richissime armateur grec Aristote Onassis (1906-1975). Onassis disait :

> « Un homme riche n'est bien souvent qu'un pauvre homme avec beaucoup d'argent. »

Ne nous méprenons pas : la fortune est chose désirable. Mais d'autres choses, qui ne sont pas des choses, le sont encore davantage.

Dans la société superficielle, matérialiste et quelque peu amnésique qui s'impose à nous comme la seule et unique réalité, les remarques de Saint Augustin et d'Onassis éveillent des échos mystérieux, des réminiscences vagues et vaguement troublantes.

Les médias orientent nos désirs vers les possessions matérielles. Ils les canalisent vers ce qui se touche, se voit, se tient au creux de la main, se tripote, se tapote, se branche, se visse dans l'oreille ou dans la bouche.

L'accent est mis sur les choses, et très secondairement sur les personnes. Si vous avez une maison, de l'argent, un travail, une famille, un téléphone portable, deux ou trois amis, que vous n'êtes pas trop moche et que vous n'êtes pas coincé dans un fauteuil roulant... alors tout va bien.

Nos besoins métaphysiques sont si bien passés sous silence que souvent, nous ignorons jusqu'à leur existence. Résultat : lorsqu'on n'est privé ni d'euros ni d'entourage, on est tout étonné de souffrir, tout ébahi d'avoir mal.

Le temps passant, ça ne s'arrange pas. Puisqu'on ne les connaît pas, puisqu'on ne sait même pas qu'on a besoin de boire, nos besoins spirituels restent insatisfaits et nous dessèchent à petit feu.

Bref, la question classique : « Pourquoi suis-je malheureux alors que j'ai tout pour être heureux ? » repose sur une définition trop étroite de « tout ». Quand on se la pose, on ne se rend pas compte qu'on peut très bien être à la fois riche et pauvre : avoir plus que le nécessaire à un certain niveau, en surface, et être pitoyablement démuni à un autre niveau plus réel et plus profond.

Reste à savoir quels sont ces besoins métaphysiques et comment les satisfaire... Vaste sujet. Trop vaste, et trop miné aussi, pour que je l'aborde ici. Pardonnez-moi de vous avoir seulement mis sur sa piste. Ceci dit, maintenant vous savez qu'on n'a pas tout quand on a « tout »... Ce qui n'est pas rien !

À retenir

● Vous avez « tout pour être heureux » mais ne l'êtes pas ? Il y a fort à parier qu'il vous manque une chose qui n'en est pas une.

● L'être humain a de nombreux besoins ; certains sont évidents, d'autres moins.

● Notre société matérialiste met l'accent sur les besoins objectifs et quantifiables et se désintéresse des autres.

● On peut éprouver un manque métaphysique et être le dernier à être au courant.

Conseil

▶ Demandez-vous s'il vous manque quelque chose d'invisible qui ne s'achète pas. Si la réponse est « oui », cherchez-la.

« *Puis-je redevenir la personne que j'étais avant ? »*

*On ne se baigne
jamais deux fois dans
le même fleuve.*
Héraclite d'Éphèse

Autre question récurrente :

« Puis-je redevenir comme avant ? »

« Comment retrouver la personne que j'étais avant de tomber en dépression ? »

« J'ai l'impression que je ne vais jamais arriver à redevenir comme avant... Que faire pour redevenir la fille que j'étais ? »

À cette question, il y a deux réponses. Quoique valables toutes les deux, elles ne sont pas compatibles. Je vous laisse déterminer celle qui est la mieux adaptée à votre cas, compte tenu de tous les variables qui vous sont propres et que vous seul connaissez.

Réponse numéro un

– Puis-je redevenir comme avant ?
Bien sûr ! Bien sûr que vous pouvez redevenir ce que vous étiez. Vous traversez une mauvaise passe, mais comme le mot l'indique (le mot *passe*), ça va passer. Si actuellement, vous n'êtes pas vraiment vous-même, dans quelques jours ou quelques semaines, au pire quelques mois, vous allez vous retrouver, réintégrer votre assiette, renouer avec votre personnalité réelle. C'est juste une question de temps. Souvenez-vous que la

dépression est une saison, et soyez patient en attendant le retour du printemps. Il ne va pas tarder.

Réponse numéro deux

– Puis-je redevenir comme avant ?

En généralisant à tort ou à raison mon expérience, voici ce que je peux vous dire : il y a bien une et même de nombreuses portes de sortie à la dépression, mais celles-ci n'ont rien de commun avec la porte d'entrée. Inutile donc, de chercher partout une issue qui vous ramènerait à votre état antérieur, il n'y en a pas. La sortie est à chercher où on n'a encore jamais cherché, et lorsqu'on la trouve on se retrouve là où l'on n'avait encore jamais mis les pieds.

Territoire neuf, inconnu, inexploré.

Et n'est-ce pas logique ?

Il n'y a aucun retour possible, aucune touche *Rewind* pour rembobiner nos vies. Dire : « Je veux que tout soit comme avant », c'est comme dire : « Je veux que les carrés soient ronds et que la nuit soit le jour ». La porte du passé est définitivement fermée. De même qu'on ne sera plus jamais l'enfant qu'on a été, on ne sera plus jamais qui on était il y a cinq ans, quatre mois, ou même trois jours, deux heures, une minute.

L'après-dépression est par la force des choses différente de l'avant-dépression, mais il n'y a là rien à déplorer. L'avenir n'est pas le passé ; ça ne veut pas dire qu'il sera pire... ça veut uniquement dire qu'il sera autre.

Peut-être meilleur.

Peut-être merveilleux.

Ça dépend de nous.

Un choix crucial

Mais j'ai probablement tort de généraliser mon expérience... Il doit bien y avoir, après tout, moyen de redevenir *plus ou moins* qui on était avant.

Mais est-ce vraiment une bonne idée ?

D'une façon ou d'une autre, ce bonheur regretté était fragile. La preuve : il s'est cassé. Recoller les morceaux serait possible, certes. Mais le bien-être ainsi reconstitué serait-il solide ?

Pas plus qu'un vase qui fut brisé. Alors à quoi bon ?

Souvenez-vous des deux petits cochons imprudents. Quand on construit sa maison en paille ou en branchage, un jour ou l'autre on la perd. Idem quand on bâtit à la va-vite une baraque mal fichue sur un terrain instable, porté aux séismes, ou tout au bord d'une falaise vertigineuse.

Dans tous ces cas on profite d'une existence apparemment sans problème pendant un moment, et puis, boum, soudain tout s'effondre, parfois sans que l'on comprenne comment ni pourquoi. On serait bien tenté d'accuser le sort ou le Grand Méchant Loup, mais la vérité est plus simple. Plus dérangeante aussi. *On a pris un mauvais départ.*

Mais alors, que faut-il faire ?

Retaper un bonheur qui n'a jamais été robuste, autrement dit rebâtir son logis exactement au même endroit, sur la même faille, au bord de la même falaise, en espérant que cette fois-ci, tout se passera bien ?

Ou chercher un terrain sûr, un roc de certitudes, pour bâtir dessus une maison neuve, si solide que non seulement vous, mais vos enfants et vos petits enfants y vivront dans la bonne humeur et les éclats de rire, quoique ça demande nettement plus de travaux ?

Le choix vous appartient.

À retenir

● La cassette ne se rembobine pas : ce qui est passé est passé, ce qui est cassé est cassé.

Conseils

▶ Ne paniquez pas. Ne désespérez pas. Soyez patient.

▶ Lâchez prise quant à votre identité d'hier. Si vous osez aller vers elle, celle de demain sera plus belle.

▶ Ne cherchez pas à ressusciter ce qui est mort, ni à recoller les morceaux d'un bonheur fragile. Construisez-en plutôt un tout neuf sur des bases plus solides.

« *Suis-je seul à souffrir ?* »

Cette fois-ci c'est moins une question qu'une sensation impossible à congédier, une quasi-certitude : on est seul à souffrir ce que l'on souffre, seul à supporter ce que l'on ne supporte plus.

À une époque, je m'imaginais que les autres étaient comme ci (forts, heureux), tandis que moi j'étais comme ça (à vif et quelque peu maudite). Eux jouissaient de la vie, ils la croquaient à pleines dents comme des jeunes dans une publicité pour soda ; moi j'étais exilée loin, très loin de cette belle image. Perdue dans les couloirs labyrinthiques de mon désarroi, je m'y croyais sans compagnie, et la croyance que j'étais seule à mariner dans l'impuissance, les larmes et l'angoisse jetait du sel sur mes blessures émotionnelles.

Vous aussi, vous vous croyez seul à être faible, seul à avoir mal ?

Il est temps de changer de perspective ; ce chapitre vous y aidera.

La souffrance des autres

Regardez tous ces gens que vous ne regardez pas d'habitude, parce que leur main tendue, leur gilet jaune, leur pauvreté noire sous les ongles, leur décrépitude ou leur handicap vous mettent mal à l'aise. Aimeriez-vous vraiment être à leur place ?

Moi non plus...

Et maintenant, regardez ces gens qui ont « tout ». Vous pensez qu'ils ont de la chance ?

Souvenez-vous que pour eux aussi, le temps s'écoule inexorablement dans un seul sens. Qui sait si derrière leur sourire, ils ne sont pas plus angoissés que vous ne l'êtes ?

Ils ont plus à perdre que vous, et ils sont sûrs de le perdre. Leur jeunesse, leur beauté, leur richesse, leur célébrité leur coulent entre les doigts comme du sable entre les dents d'un râteau d'enfant quand que le soleil disparaît à l'horizon gris-mauve et que les vacanciers désertent la plage mélancolique... De leur bonne fortune ils ne sont que locataires, et comme le propriétaire augmente le loyer tous les ans, un jour ou l'autre ils se retrouveront à la rue.

Et c'est sans parler de tous ceux qui font *semblant* d'être heureux. Ils rient, ils chantent, ils affichent un sourire éclatant, une joie de vivre théâtrale, puis le soir venu leur masque tombe et ils voient dans le miroir de leur salle de bain le reflet tragique de tout ce qui leur manque. Ils ont réussi à convaincre leur public que leur sort est digne d'envie, qu'ils ont « tout », mais la solitude leur renvoie sans ménagement leur vide et leur détresse à la figure.

Voudriez-vous vraiment être, comme eux, un imposteur ?

Moi non plus...

Pas le dernier dodo

Mais peut-être que, tout en ayant conscience que d'autres êtres humains souffrent sur cette planète, vous croyez être seul à avoir ces problèmes ou ces défauts-là ?

Vous avez vu en vous quelque chose que vous considérez comme une tare, faille invisible qui ne se voit pas comme le nez au milieu de la figure, et vous vous imaginez être le seul à l'avoir parce que vous ne l'avez pas encore identifiée chez quelqu'un d'autre.

Rassurez-vous : je vous garantis que d'autres ont exactement les mêmes difficultés ou imperfections que vous.

Cette prise de conscience est devenue facile de nos jours, grâce aux forums d'Internet. On s'aperçoit en les consultant qu'il y a toujours plus d'une personne à être touchée par n'importe quel embêtement, y compris les plus exotiques, les plus insolites. La peur des poupées, la conviction d'être un vampire ou un extraterrestre, les fantasmes de meurtre, les pieds à six orteils, l'haleine de chacal... des centaines, des milliers d'individus sont concernés.

Même en essayant très fort, vous ne pourriez pas avoir de

travers strictement personnel qui vous soit réservé. D'ailleurs les personnes qui vous entourent ont des lacunes, elles aussi... Elles réussissent peut-être à faire bonne figure devant vous, mais ne s'en demandent pas moins si leurs corps ou leurs états d'âme sont légitimes, corrects.

Si, donc, vous vous croyiez seul de votre espèce, maintenant vous savez que vous n'êtes pas le dernier dodo. Au contraire. Au jeu des sept familles, on vous retrouve dans plusieurs.

Levez les yeux

Maintenant, si vous le voulez bien, je vous demande de prendre de la hauteur, et d'envisager votre vie dans une perspective un poil plus cosmique.

Dans le ciel obscur peuplé de milliards de galaxies, de trous noirs à la pelle et d'étoiles à désespérer tous les comptables, malgré sa beauté surnaturelle notre planète n'est qu'un grain de poussière bleu.

Sur cet atome azuré qui tourne et vire miraculeusement dans l'espace, les générations se succèdent comme des vagues sur un rivage. Le monde se fait tout neuf pour les bébés tout neufs, vieux et usé pour les vieillards. Sa diversité lui permet toutes les métamorphoses, et à chacun il présente l'écho de son visage. Pour celui qui pleure, il pleut ; pour celui qui rit, tout rit avec lui : le soleil, le vigile de l'hypermarché, la truite arc-en-ciel et la vache qui rit.

Alors je vous en prie, ne soyez pas dupe de ce jeu de miroir.

À côté de chaque douleur il y a une joie, comme à côté de chaque explosion de fou-rire, de chaque jubilation contenue, quelque chose d'autre. Tandis que Barnabé se recroqueville sur son chagrin, juste à côté Sylvère et François se marrent – et le jour où, euphorique, vous éclaterez de rire et de bonheur, non loin de vous d'autres verseront des pleurs...

Un concert symphonique nous entraîne tous, et nous pouvons jouer notre rôle sans nous apercevoir que d'autres chantent joyeusement ou sanglotent à nos côtés, ou nous pouvons lever les yeux de la partition et prendre conscience que nous ne sommes pas seuls et ne l'avons jamais été.

Dans les pages suivantes, nous allons analyser une question délicate que vous vous êtes certainement déjà posée : tout le monde se la pose un jour ou l'autre, et plutôt mille fois qu'une. Cette question, c'est...

À retenir

● Quelque bizarres que soient votre personnalité ou votre comportement, il y aura toujours un individu encore plus étrange pour vous donner la sensation que vous êtes non seulement normal, mais banal.

● Vous n'êtes pas seul à souffrir.

● Vous n'êtes pas seul à souffrir de cette manière-là non plus.

Conseil

▶ Prenez les choses de plus haut, regardez-vous du haut du ciel. Métaphoriquement parlant, votre vie est un fil entrecroisé à d'autres fils pour former un morceau de tissu lui-même intégré dans un immense patchwork lui-même posé sur un lit démesuré dans une chambre d'un château monumental situé dans un parc incommensurable. Vous faites parti d'un très grand tout : prenez-en conscience.

« *Ce qui m'arrive,*
est-ce que c'est normal ? »

Chaque minute, chaque seconde, partout dans le monde, des personnes en détresse s'interrogent :

« Je pleure tous les jours... est-ce que c'est normal ? »

« J'ai envie de me suicider... est-ce que c'est normal ? »

« Je trouve que la vie n'a aucun sens... est-ce que c'est normal ? »

« Je n'ai pas envie de sortir de chez moi... est-ce que c'est normal ? »

« J'ai des rêves impossibles plein la tête... est-ce que c'est normal ? »

« J'ai l'impression que je serai toujours déprimé, que je ne m'en sortirai jamais... est-ce que c'est normal ? »

Sur ce motif, on trouve d'innombrables variantes :

« Je me tape la tête contre les murs... est-ce que c'est normal ? »

« Mon psy a essayé de m'embrasser... est-ce que c'est normal ? »

« Je me fais humilier par mes collègues de bureau... est-ce que c'est normal ? »

Et vous, qu'en pensez-vous ? Croyez-vous qu'il est normal de vivre ce que vous vivez, justifié de ressentir ce que vous ressentez ?

Oui ?

Non ?

Dans tous les cas, lisez la suite.

La logique sous le chaos

Je vous l'ai déjà dit, mais permettez moi d'insister encore un

71

peu : tout sentiment, toute émotion, tout état d'âme *a une ou des causes*.

Nous ne vivons pas dans un monde scindé en deux, avec d'un côté des phénomènes rationnels et de l'autre des accidents aberrants, d'un côté des choses logiques et de l'autre des trucs absurdes. L'univers des émotions est tout aussi cohérent que l'univers physique. Il obéit à des lois aussi précises et aussi inéluctables que, disons, celle de la gravitation universelle. De la même manière qu'il n'y a pas de fleuve sans origine, pas de rivière sans petits ruisseaux, tout état d'âme prend sa source quelque part.

Donc oui, ce que vous ressentez est normal, puisque ce que vous ressentez épouse une logique, même si, pour l'instant, cette logique ne vous éblouit pas comme le soleil aoûtien. (Par contre lorsque vous aurez lu ce livre en entier une ou deux fois, vous comprendrez beaucoup mieux vos émotions.)

Fausse sécurité

Maintenant que vous savez que ce que vous vivez est normal, vous vous sentez mieux ?

Soulagé ?

C'est bien... mais je vous en prie, ne vous endormez pas dans une fausse sécurité.

Quelle fausse sécurité ?

Pour le comprendre, permettez-moi de vous raconter une histoire. Comme beaucoup d'autres, elle commence d'une manière anodine et s'achève d'une manière tragique.

Un vertige « normal »

Il était une fois un homme qui avait mal à une dent.

Appelons-le Grégoire.

Grégoire alla donc chez son dentiste, qui lui soigna la carie qu'il découvrit. (Je vous avais prévenu que le début n'avait rien d'original.) Au moment de se relever du fauteuil, notre ami Grégoire fut pris d'un étourdissement étrange.

« J'ai la tête qui tourne, je me sens tout drôle... *Est-ce que c'est normal ?* » demanda-t-il, inquiet, à son praticien.

Son dentiste sourit avec indulgence. Ce vertige, répondit le spécialiste sur un ton pédagogique et apaisant, était tout à fait *normal* ; de nombreux patients l'avaient ressenti comme lui juste après un plombage ; il n'y avait vraiment pas de quoi s'inquiéter...

Rasséréné, Grégoire rentra chez lui sans faire d'histoire.

Puis, petit à petit, sa santé se dégrada.

D'abord, ce fut des ennuis mineurs : des maux de tête, des fourmis dans les membres. Puis, une lassitude inexplicable. Enfin, après une maladie longue et douloureuse, ni fleurs, ni couronnes... Remariée avec son meilleur ami, la veuve de Grégoire coule aujourd'hui des jours heureux en Tunisie.

L'arracheur de dents n'avait pourtant pas menti.

Il avait effectivement constaté à mainte reprise qu'après un plombage, ses patients étaient sujets à des étourdissements. Et d'autres dentistes avaient fait le même constat, car le mercure (qui entre dans la composition des plombages) a toujours les mêmes effets délétères sur ceux qui en avalent.

Une protection contre rien

Voulez-vous connaître la morale de cette histoire ?

La voici : vivre ce que tout le monde vit n'est une garantie contre rien ; quand on est *normalement* empoisonné on n'est pas moins intoxiqué que d'une autre manière.

Vous allez peut-être me dire que votre père a la bouche pleine de plombages et qu'il se porte comme un charme... Alors le sort de Grégoire, vous avez du mal à y croire. Admettons que j'ai forcé le trait. Admettons que les ravages causés par le mercure dentaire ne conduisent pas immanquablement au cercueil.

Il n'en reste pas moins qu'une vie « normale » ne protège pas contre grand-chose. On peut être « normalement » empoisonné par la malbouffe, avoir un cancer « normal » à cinquante ans, faire une dépression « normale » compte tenu des circonstances, et ce n'est pas tellement plus réjouissant que d'être victime d'une intoxication anormale, d'un mélanome bizarroïde ou d'un mal-être incongru.

Pourquoi ?

Revenons au vertige de notre antihéros. Au lieu de demander à son dentiste si son étourdissement était normal, Grégoire aurait pu lui poser une autre question :

« *Pourquoi* est-ce que j'ai la tête qui tourne ? »

Embarrassé, son dentiste aurait probablement bafouillé une réponse peu convaincante.

Grégoire aurait donc cherché la réponse à sa question ailleurs, par exemple sur Internet, et aurait découvert que son étourdissement était la conséquence de la composition hautement toxique des plombages dont les dentistes ont l'habitude de garnir les dents de leurs patients trop patients. Ce qui aurait permis à Grégoire de se désintoxiquer.

Bref, la question « Pourquoi ? » aurait pu lui sauver la vie... si seulement elle lui était venue à l'esprit.

Comme Grégoire, beaucoup de gens s'accrochent avec tant d'anxiété à la question « Est-ce que c'est normal ? » qu'ils en oublient de se demander   « Pourquoi ? »

« Pourquoi ? » est pourtant une excellente question. L'une des meilleures. Pour être enfantine (les bambins l'adorent), elle n'en est pas moins puissante et pointue. Comme le bec aiguisé d'un pic-vert, « Pourquoi ? » fore la surface opaque des apparences, traverse l'écorce des phénomènes. Tous deux – le bec et la question – débusquent ce qui se cache en dessous, que ce soit des petits vers grassouillets ou des vérités dérangeantes qu'il faut connaître pour vivre vieux... ou pour vivre heureux.

Ce n'est qu'à l'aide de cet outil merveilleux que les causes sont découvertes. Surtout, surtout : posez-vous la. Lorsque quelque chose vous interpelle, demandez-vous et demandez autour de vous : « Pourquoi ? »

L'amour de sa vie

Et maintenant supposons cette fois-ci qu'au lieu de rendre visite à son dentiste, Grégoire soit tombé amoureux d'une naine unijambiste qui déplaît avec intensité à toute sa famille.

« Ce n'est pas *normal*, disent-ils. Tu ne peux pas l'aimer, puisqu'elle n'est pas aimable ! »

Influençable, Grégoire renonce à l'amour de sa vie et épouse la française moyenne, qui fait son malheur... Ses soucis matrimoniaux le conduisent à une mort prématurée et encore une fois c'est ni fleurs, ni couronnes. Remariée avec son meilleur ami, la veuve de Grégoire coule aujourd'hui des jours heureux en Tunisie. L'histoire se termine comme la première fois parce que Grégoire a fait la même bêtise : il a sacrifié son jugement personnel sur l'autel de la norme-idole.

Moralité ?

Un « soin », une situation ou une personne que tout le monde juge normal peuvent être nuisibles et inversement, quelque chose que tout le monde considérerait comme inadmissible peut vous convenir à merveille.

Il n'y a que vous pour savoir où le bât vous blesse, et s'il vous blesse. Il n'y a que vous pour savoir si vos chaussures sont trop serrées. Ce qui vous dérange est un problème qu'il vous incombe de résoudre, même si ce problème est réputé « normal » ; ce qui ne vous dérange pas, ce qui vous convient à merveille, n'est pas un problème, même si la *vox populi* (ou la *vox familiae*) prétend que ce n'est pas « normal ».

En plus de la puissante question « Pourquoi ? », je vous recommande donc d'adopter la question suivante : « Est-ce que ça me convient, à moi ? »

De meilleures questions

Mais il y a encore bien d'autres questions qui peuvent remplacer avantageusement « Est-ce que c'est normal ? »

Voyons-en quelques unes.

Au lieu de demander « J'ai envie de me suicider... est-ce que c'est normal ? » Phèdre pourrait se demander si elle est prête à faire ce qu'il faut pour prendre sa vie en main. Quand va-t-elle enfin se décider à se mettre à l'abri du désespoir et du désarroi en adoptant de nouvelles pensées, de nouvelles croyances, une nouvel art de vivre ?

Au lieu de demander « Je trouve que la vie n'a aucun sens... est-ce que c'est normal ? » Alfred pourrait se demander comment raccrocher le fil de ses jours à un but valable : pour ne plus flotter à la dérive, pour donner enfin un sens à sa vie, que doit-il faire aujourd'hui, que peut-il faire dès maintenant ?

Au lieu de demander « J'ai des rêves impossibles plein la tête... est-ce que c'est normal ? », Adrien pourrait se demander pourquoi il estime que ses rêves sont utopiques, puis se fixer des objectifs plus ambitieux alignés sur ses aspirations réelles. Comment va-t-il changer ses rêves en réalité ? Quelle est la toute première étape ?

Au lieu de demander « Mon psy a essayé de m'embrasser... est-ce que c'est normal ? », Violette pourrait se demander pourquoi elle ne fait rien pour qu'il arrête, alors qu'elle trouve ça aussi répugnant que déstabilisant. Serait-ce parce qu'elle croit qu'un spécialiste a tous les droits, y compris tous les droits sur son corps ?

Etc.

À retenir

• Ce que vous ressentez est normal, puisque c'est logique.
• « Est-ce que c'est normal ? » est une question dangereuse parce qu'elle fait écran à l'excellente question « Pourquoi ? » et à d'autres interrogations tout aussi légitimes et utiles.

Conseil

▶ Remplacez autant que possible la question « Est-ce que c'est normal ? » par « Pourquoi ? », « Est-ce que ça me convient ? », ou par toute autre question stimulante et constructive que vous pouvez concevoir.

« *Et moi, est-ce que je suis normal ?* »

Certains ont des doutes sur ce qu'ils vivent, d'autres mettent carrément leur propre personne en question :

« Est-ce que je suis normal ? Parfois, j'ai l'impression d'être un monstre... »

Voyons ce que l'on peut répondre à une question pareille.

Bizarre, vous avez dit bizarre ?

Vous avez l'impression d'être différent ?
Trop différent ?
On doute de sa normalité quand on se croit étrange.
Mais l'êtes-vous tant que ça ?
Je ne sais pas ce que votre entourage pense de vous, mais à moi, votre personnalité et vos habitudes (quelles qu'elles soient) ne me semblent pas bizarres du tout. Je me rappelle trop bien de mon passé pour porter ce jugement sur quiconque.

Je me souviens de m'être prise pour la réincarnation de la vierge Marie, de Cléopâtre et d'Anastasia Romanov.

Je me souviens d'être allée au cinéma avec Émile, mon ornithorynque en peluche, posé sur l'épaule.

Je me souviens d'avoir porté un pull à paillettes multicolores, des chaussettes à rayures et des tongs dorées à la soutenance d'une thèse universitaire pleine de tailleurs noirs et gris.

Je me souviens d'avoir rencontré mes élèves pendant un concert de rock. J'avais déjà rencontré ces jeunes gens quelque part, certes, mais où ? Impossible de m'en souvenir. Eux par contre m'ont tout de suite identifiée, et m'ont jeté un « Madame ?! » incrédule et horrifié.

Je me souviens d'avoir hurlé des phrases absurdes devant l'hôpital psychiatrique où ma meilleure amie, affolée, me conduisait en urgence et en pyjamas. Dans ma tête, les idées tournaient à une vitesse folle (c'est bien le mot) ; d'une seconde à l'autre je me forgeais une nouvelle histoire familiale : ma grande sœur était ma petite sœur, ou plutôt ma mère n'était pas ma mère, ou plutôt ma sœur était lesbienne sans le savoir, etc.

Vous voyez : vous n'êtes pas si bizarre que ça, finalement...

Fourmis dans la fourmilière

Même en vous comparant à moi vous persistez à vous juger étrange ?

Ok.

Je vous garantis qu'il y a quelque part quelqu'un d'autre qui, par sa folie ou du moins par son excentricité et ses choix hors-norme, vous ferait sentir normal, et même... ordinaire.

Il faut en effet que vous sachiez que nombre de gens ont le problème inverse du vôtre. Ces personnes se sentent insipides, ternes, lambda. Remplaçables comme une bouteille de cinquante centilitres en plastique transparent destinée à accueillir de l'eau minérale. Eux aimeraient bien se sentir bizarres : ça les sauverait de l'anonymat qui menace de les engloutir. Ils se rêvent différents et se voient d'une banalité à pleurer : des pions interchangeables sur le grand échiquier, des fourmis ouvrières dans la fourmilière.

Pensez à eux la prochaine fois que vous sentirez que vous ne rentrez pas dans le moule. Ce qui est à vos yeux un problème est aux leurs un idéal.

Pas vraiment des vrais chats

Pourquoi tant de gens mettent-ils en doute leur normalité ? Pourquoi en avez-vous douté vous-même, avant de comprendre que vous êtes parfaitement normal ?

En raison d'une définition inexacte de la nature humaine.

Une définition étriquée de l'Homme est comme un jean trop serré : elle empêche de respirer à fond. Elle coupe la circulation. Elle empêche de faire certains mouvements. Bref, c'est une entrave.

Pour comprendre pourquoi et comment, supposons que ma définition de « chat » soit « félin domestique à poil blanc faisant *ronron* et *miaou* et pourchassant les souris. » Avec une définition aussi resserrée, de quel œil vais-je considérer les chats noirs, gris ou rayés, ceux qui dédaignent les petits rongeurs, ceux qui sont introvertis ou aphones ?

Dans mon dictionnaire personnel, il n'y a pas de place pour eux. Ne disposant pas d'une catégorie où les classer, d'une boîte mentale où les ranger, je les laisse en marge, dans les limbes : à mes yeux, ces chats-là ne sont pas vraiment des vrais chats.

De même, on se croit anormal lorsqu'on se met soi-même sur la touche en définissant la nature humaine d'une manière si étroite qu'on n'y entre pas.

De la tête aux pieds, un homme...

Si je vous disais que vous êtes un être humain, je ne vous apprendrais rien de bien nouveau... Mais êtes-vous vraiment sûr d'avoir assimilé tous les prolongements et suites de cette information fondamentale ?

Peut-être n'avez-vous pas mesuré toute la portée de cette vérité plus riche de conséquences qu'elle n'en a l'air.

Vous êtes un être humain, cela veut dire que vous appartenez à une grande famille où le pire côtoie le meilleur, et que vous pouvez monter vers l'excellence – ou dévaler la pente. Vous êtes un être humain, cela veut dire que votre esprit et votre personnalité sont un esprit et une personnalité d'être humain. Vous êtes un être humain, cela veut dire que vous n'êtes ni un dieu, ni un extra-terrestre, ni un vampire, ni un animal, ni un monstre, ni une chose, ni un ange, ni un robot. Vous êtes un être humain, cela signifie que vous cherchez le bonheur, que vous espérez certaines choses et en craignez d'autres, que vous êtes content que les personnes que vous aimez vous aiment aussi, que vous avez une certaine idée de ce qui est bien et de ce qui est mal et que vous devez prendre des décisions tous les jours.

Et parce que vous êtes un être humain, vous ne pouvez pas

plus sortir de votre normalité que vous ne pouvez sortir de votre peau. À ce niveau-là, vous n'avez tout simplement pas le choix. De même qu'un chaton angora ne saurait se changer en doberman, ni un teckel nain se métamorphoser en requin marteau, vous ne pouvez pas devenir une autre créature que celle que vous êtes.

Vous êtes homme ou femme de la tête au pied, de la pointe des cheveux gras, secs ou normaux à celle des ongles d'orteils vernis, nus, en amande ou incarnés. Votre identité humaine (et toutes les options qui vont avec) vous colle à l'âme. Il n'y a aucun moyen que vous vous en sépariez, il n'y a aucun moyen que vous cessiez d'être normal.

À retenir

- Vous êtes un être humain normal.
- Si votre définition de la nature humaine est trop étroite pour que vous y trouviez une place, ce n'est pas vous qui avez un problème, mais elle.

Conseil

▶Élargissez votre définition de la nature humaine. Elle doit être assez grande pour que tout le monde y entre, y compris vous.

« *Peut-on se passer d'antidépresseurs ? »*

Bonne question.

Les seuls antidépresseurs (ou peut-être neuroleptiques, je ne sais pas) que j'aie jamais pris sont ceux qu'on m'a fait avaler de force lors de mon séjour à l'hôpital psychiatrique. Ils n'ont joué strictement aucun rôle dans ma remontée de pente ultérieure. Je ne suis pas un cas à part : d'innombrables personnes ont trouvé ou retrouvé leur équilibre émotionnel sans l'aide de ces petits cachets.

D'ailleurs, si ces médicaments étaient aussi incontournables que leurs promoteurs le prétendent, comment expliquer que pendant des siècles, et même des millénaires, on se soit débrouillé sans eux ?

Notre nostalgie idéalise le passé, mais la réalité est que nos ancêtres n'avaient pas des existences plus idylliques que les nôtres. Comme nous ils avaient des malheurs, des tracas et des ennuis ; comme nous ils se faisaient du mouron. Pourtant ils se débarbouillaient de leur humeur morose sans ordonnance et sans cachets, que ceux-ci soient bleus, jaunes ou verts.

Vous pourriez m'objecter qu'ils s'en sortaient, oui, mais moins facilement, puisque, les pauvres, ils ne bénéficiaient pas des dernières avancées de la science médicale... Toutefois cette version des faits est contredite par l'évolution des mœurs : il y a plus de dépressions et de suicides de nos jours qu'à l'époque où les antidépresseurs n'avaient pas encore été inventés.

La réponse est donc oui.

Oui, on peut se dispenser d'antidépresseurs ; oui, on peut se libérer de l'angoisse et du vague à l'âme sans leur aide.

Au passage, j'attire votre attention sur ce que cette question présuppose. En se demandant « Peut-on se passer d'antidépresseurs ? » on admet implicitement que ces cachets sont utiles, on sous-entend qu'ils sont salvateurs.

Or... rien n'est moins sûr.

Nous reviendrons plus tard sur ce sujet, et je partagerai avec vous toutes les informations confidentielles que j'ai découvertes sur ces médicaments, secrets qu'il faut à tout prix connaître avant d'en avaler.

À retenir

● Comme les générations précédentes, nous avons la capacité de surmonter les émotions indésirables sans l'aide de substances chimiques.

Conseils

▶ Ne prenez pas d'antidépresseurs avant de connaître leur composition. En attendant, prenez plutôt de la soupe verte fait maison (poireaux, courgettes, épinards, etc.) et du saumon à la vapeur – ces mets sont excellents pour le moral, mais aussi pour la santé et les papilles gustatives.

▶ Pour découvrir ce que vous avez besoin de savoir et que l'industrie pharmaceutique vous cache avec le plus grand soin, poursuivez votre lecture.

« *Peut-on s'en sortir tout seul ?* »

Peut-on sortir de dépression tout seul ?

Excellente question.

Tout dépend de ce qu'on met sous le mot *seul*.

Si pour vous, « s'en sortir tout seul » signifie « s'en sortir sans docteur et sans psy », alors oui, on peut se sortir de dépression tout seul. Là encore, les générations précédentes en apportent la preuve. Et aujourd'hui comme hier, de nombreux individus se sortent les pieds du pédiluve dépressif sans spécialistes.

Mais si pour vous, « s'en sortir tout seul » signifie « s'en sortir sans l'aide de personne », alors n'y comptez pas.

On a tous besoin les uns des autres. Besoin de la voisine pour garder le chat, du boulanger pour son pain complet croustillant, de ses amis pour vider sa tête et son cœur, de ses enfants pour se sentir indispensable (« Papaa ! Mamaaan ! »)

Vous n'y avez peut-être jamais réfléchi en ces termes, mais songez que rien que pour envoyer une carte postale à notre chéri(e), nous avons déjà besoin d'un nombre impressionnant d'auxiliaires : le photographe, l'éditeur qui a publié sa photo, le sympathique commerçant qui nous l'a vendue, la factrice joviale qui distribue le courrier, mais aussi l'employé bougon qui le ramasse, celui qui le trie, celui qui le transporte, etc.

Alors comment pourrait-on mener à bien, sans le moindre soutien extérieur, un projet autrement ambitieux : changer radicalement et durablement son humeur ?

C'est de l'utopie.

Pour sortir de dépression comme pour remplacer une ampoule, planter des choux, explorer la forêt amazonienne ou apprendre le portugais, nous avons besoin de nos congénères.

Mais pas forcément de ceux qui ont suivi des études de médecine, de psychologie ou de psychiatrie. Et pas forcément en chair et en os non plus.

Une conférence, un livre, un film, l'*Ave Maria*... ceux qui nous aident n'ont pas toujours une forme humaine. Mais au fond, ce sont toujours nos semblables qui nous apportent leur soutien : au-delà de la conférence, le conférencier ; au dos du livre, son auteur ; derrière l'écran, le scénariste, le réalisateur, les acteurs, et une tripotée d'acolytes ; sous les flots mélodieux et purifiants de l'*Ave*, le compositeur romantique Charles Gounod (1818-1893) et la cantatrice Maria Callas (1923-1977).

Alors si vous êtes trop fauché pour vous payer une psychothérapie, ou trop introverti pour pousser la porte d'un cabinet, ou trop fier pour avouer à quelqu'un que vous ne vous en sortez plus, ou que vous avez déjà essayé trop de thérapeutes avec de trop mauvais résultats et que vous n'avez plus le courage de chercher de ce côté là... ne vous inquiétez pas : il y a d'autres routes que la grand' route pour sortir de dépression.

Nous reparlons de ce sujet tout à l'heure. Pour l'instant, l'essentiel est que vous fassiez la différence entre : « sans un spécialiste de la santé mentale » et « tout seul ». En dehors des psys et des médecins, il y a une myriade d'êtres humains qui peuvent, et vont, vous aider.

Cela va d'amis plus ou moins intimes à des internautes plus ou moins anonymes en passant par des écrivains dont certains sont morts depuis longtemps (malgré les siècles, vaste et mystérieux espace qui nous en sépare, leurs mots nous parviennent aussi frais et désaltérants que s'ils coulaient de source) et d'autres qui sont vivants et même très vivants, si pétillants d'énergie qu'ils sautillent de plateau télé en plateau télé comme des grenouilles de feuille en feuille de nénuphar.

Puisque vous savez maintenant que personne ne s'en sort tout seul, et que vous voyez tout aussi clairement que vous n'avez pas besoin d'un spécialiste de la santé physique ou mentale pour vous dépatouiller de vos problèmes, nous pouvons maintenant passer à la partie suivante. Si vous avez des questions auxquelles je n'ai pas répondues, vous y trouverez peut-être les réponses.

À retenir

● Vraiment tout seul, on ne peut pas faire grand-chose, sauf se gratter le nez.

● Même si ça fait longtemps que vous cohabitez avec elle, vous n'êtes pas marié à la dépression. Vous n'avez donc besoin ni d'un avocat, ni d'un autre professionnel (médecin, psy) pour la renvoyer au Diable.

● Les thérapeutes ne sont pas tous en chair et en os ; on en rencontre en papier imprimé et en format numérique.

Un aveu à vous faire...

J'ai un aveu à vous faire.

Ce livre que vous venez de lire ne mérite pas à 100% son titre de "livre" car il constitue le début d'un livre beaucoup plus gros, vraiment beaucoup, beaucoup plus gros, MENTALPAX.

MENTALPAX est un puissant antidépresseur naturel, un antidépresseur efficace contre le suicide, la dépression, l'anxiété, la tristesse, et les diverses "maladies mentales" inventées par la psychiatrie.

Si vous avez été interessé ce livre-ci, vous le serez bien plus encore par MENTALPAX, que vous trouverez sous forme de livre broché sur amazon, et sous forme de ebook un peu partout : amazon, kobo, googleplay...

J'espère que vous lirez MENTALPAX, et aussi que vous mettrez un commentaire, sur amazon ou ailleurs, à ce livre-ci, *Aller mal quand tout va bien*. Les avis (positifs) que les lecteurs écrivent publiquement sur les sites sont très précieux et importants pour l'auteur comme pour l'éditeur.

Merci encore pour votre confiance, et à bientôt dans un prochain ouvrage.

Votre amie,

Lucia Canovi

Catalogue
des éditions lucia-canovi.com
Liberté ● Vérité ● Clarté

Des mots qui aident, guident, réconfortent, encouragent, éclairent, élèvent ou libèrent

**Nos livres sont disponibles aux formats pdf, .mobi et epub.
et nos programmes audios, au format mp3
Si vous voulez un de nos livres sous forme brochée (en vrai livre papier),
vous pouvez passer commande en nous écrivant à
*contact@lucia-canovi.com***

Programmes audios.

http://programmezvotresubconscient.fr/100-confiance-en-soi

Écoutez tous les jours *100 % confiance en soi,* et au bout de 30 jours, vous aurez une inébranlable confiance en vous-même.

http://programmezvotresubconscient.fr/enfin-calme

Écoutez tous les jours *Enfin Calme* pour garder votre calme en toutes circonstances.

http://programmezvotresubconscient.fr/enfin-heureux

Écoutez tous les jours *Enfin Heureux* pour être heureux quoi qu'il arrive.

http://enfin-bilingue.fr/

Écoutez tous les jours *Enfin Bilingue* pour apprendre l'anglais avec rapidité, facilité et plaisir.

http://enfin-bilingue.fr/arabe

Écoutez tous les jours *Enfin Bilingue en arabe* pour apprendre l'arabe avec rapidité, facilité et plaisir.

Parentalité

Parents heureux, enfants joyeux ! Proverbes et citations motivantes pour familles aimantes, de Anna Fonseca

Histoire

La révolution française : une conspiration ?, d'Augustin Barruel

Études/Art d'écrire

7 secrets pour réussir brillamment ses études sans le moindre stress !, de Lucia Canovi.

Écrire une scène d'action en s'inspirant d'un grand romancier, de Lucia Canovi

Psychanalyse

Freud tueur en série : vrais meurtres et théorie erronée, d'Eric Miller

Secrets et dangers de la psychanalyse : Freud n'est pas votre ami, de Lucia Canovi

Science

La terre ne bouge pas, de Gustave Plaisant

La terre est immobile : preuve que la terre ne tourne ni autour de son axe, ni autour du soleil, Carl Schoepffer

Féminisme et sexisme

Sept mensonges du féminisme, de Lucia Canovi

Sept mensonges du sexisme, de Lucia Canovi

Religion/spiritualité

*Eckhart Tolle et l'idiocratie : découvrez la doctrine et les effets d'un grand maître spirituel,"*de Lucia Canovi

L'Islam au-delà des apparences, de Lucia Canovi

Pourquoi j'ai embrassé l'Islam, d'Anselme Turmeda

Essais/Actualité

Réfléchissez ! Racisme, antisémitisme, quenelle et autres sujets sensibles, de Lucia Canovi

Conversations avec l'ennemi de Dieu : le mal au XXIe siècle, de Lucia Canovi

Le Lait du Mensonge : Fragments d'une parole sincère, de Lucia Canovi

Êtes-vous Charlie ?, de Lucia Canovi

Le piroptimisme : faut-il soigner le mal par le mal ?, de Lucia Canovi

Roman

Un baron en caravane, de Elisabeth Von Arnim
Amour et mensonges sous le ciel d'Italie, de Jean Webster
Horace, de George Sand
Les dames vertes, de George Sand
Nanon, de George Sand
Cecilia, de Fanny Burney (12 volumes)

Développement personnel/Psychologie

Marre de la vie ? Tuez la dépression avant qu'elle ne vous tue !, de Lucia Canovi

Le trésor : découvrez la méthode la plus simple de vous faire des alliés et de réaliser vos rêves, de Lucia Canovi

La clé du bonheur : 365 offirmations* pour surmonter dépression, découragement, déprime et être heureux en toutes circonstances [Ce n'est PAS une faute d'orthographe], de Lucia Canovi

La Clé du Calme : 365 offirmations* pour triompher de l'anxiété, du stress, de la colère et trouver la sérénité [Ce n'est PAS une faute d'orthographe], de Lucia Canovi

La Clé de la Richesse : 365 offirmations* à se poser pour s'enrichir malgré la crise [Ce n'est PAS une faute d'orthographe], de Lucia Canovi

Le petit livre de la paix intérieure : Proverbes anti-stress et citations calmantes, de Lucia Canovi

Le petit livre qui fortifie : Proverbes réconfortants et citations motivantes, de Lucia Canovi

Aller mal quand tout va bien : La dépression dédramatisée, de Lucia Canovi

La dépression est-elle une vraie maladie ? 9 idées fausses sur la tristesse et le mal-être, de Lucia Canovi

Et si la dépression avait un sens ?, de Lucia Canovi

Les vraies causes de la dépression, de Lucia Canovi

Libérez-vous de l'alcool et de la cigarette : Comprendre le joug pour le briser, de Lucia Canovi

Vivez jusqu'au bout ! Suicide, mode de non-emploi, de Lucia Canovi

À propos de Lucia Canovi

Lucia Canovi est auteur, éditeur et iconoclaste. Sa vie comporte trois actes très différents.

Premier Acte : Adeline Aragon gagne six prix littéraires, réussit ses études de lettres modernes et obtient du premier coup l'agrégation, concours réputé pour sa difficulté. Après ces brillantes études, désorientée, elle se tourne vers l'enseignement moins par choix que par impossibilité de changer en gagne-pain l'écriture, sa vocation de toujours. Pendant ce premier acte, elle est athée, cartésienne et militante féministe (Voir son livre *Sept mensonges du féminisme*).

Deuxième Acte : profondément insatisfaite de sa vie même si elle a « tout », à 27 ans elle se lance dans l'astrologie, le tarot et le russe, se teint les cheveux en rouge vif, quitte sa Toulouse natale pour Paris, et troque son rationalisme contre un mysticisme échevelé qui la mène à l'hôpital psychiatrique pour deux semaines. Loin de lui apporter le bonheur, cette route tortueuse se révèle de moins en moins carrossable. Pendant ce second acte, elle fume, boit, construit des châteaux en Espagne (voir son livre *Libérez-vous de l'alcool et de la cigarette : comprendre le joug pour le briser*), continue à écrire sans convaincre aucun éditeur de son génie, et adopte toutes les croyances du Nouvel Âge, dont la réincarnation. Elle est alors une disciple enthousiaste d'Eckhart Tolle (Voir son livre *Eckhart Tolle et l'idiocratie : doctrine et effets d'un « grand maître spirituel »*).

Troisième Acte : arrivée au bout de ses ressources financières, sans ami et sans amour, pour la première fois de sa vie elle se tourne vers Dieu pour Lui demander Son aide. Une semaine après, elle rencontre l'homme de sa vie qui lui propose immédiatement le mariage et l'Islam. Le coup de foudre étant réciproque, elle accepte le mariage. Quelques mois et d'innombrables lectures plus tard, dont *Le Mensonge de l'évolution* d'Harun Yayha, pour son plus grand bonheur elle se convertit à l'Islam.

Encouragée par son mari, elle se remet à l'écriture sous le nom de plume de Lucia Canovi avec un enthousiasme renouvelé et un but bien précis : aider les personnes qui souffrent comme elle a souffert. Son grand livre *Mentalpax : antidépresseur naturel sous forme de livre préconisé dans le traitement de l'anxiété, des idées noires, de la dépression et des autres diagnostics (*publié dans une première version sous le titre *Marre de la vie ?)* est le fruit de huit années de recherches ; les lecteurs l'adorent.

Par la suite, elle écrit sur toutes sortes de sujets, avec un intérêt particulier pour la logique, le développement personnel (voir en particulier son livre *Le trésor : découvrez la méthode la plus simple de vous faire des alliés et de réaliser vos rêves*), la religion (voir son livre *L'Islam au-delà des apparences*) et le mal sous toutes ses formes (voir son livre *Conversations avec l'ennemi de Dieu : le mal au XXIe siècle*).

En 2015, prenant conscience qu'il ne sert à rien d'attendre l'éditeur charmant, Lucia Canovi se décide à créer sa propre maison d'édition par internet, **lucia-canovi.com,** ce qui lui donne l'opportunité de publier *Freud tueur en série : vrais meurtres et théorie erronée*, chef-d'oeuvre d'investigation où Eric Miller prouve par A+B que Freud a sauvagement assassiné son neveu John, ainsi que quelques-uns de ses amis et quelques unes de ses patientes.

Iconoclaste, Lucia Canovi prend un plaisir subversif à mettre en pièces les mensonges les mieux établis, démolissant en priorité les impostures qui, en raison de leur ancienneté ou de leur succès quasi universel, semblent infiniment plus vénérables que les vérités ridiculisées qu'elles prétendent remplacer.

Aujourd'hui, Lucia Canovi vit tranquillement en Algérie avec son mari et ses deux enfants, et s'emploie à offrir le meilleur à ses lecteurs de plus en plus nombreux. Ses livres sont traduits en anglais, espagnol, allemand, italien, portugais, japonais, russe et néerlandais. Vous pouvez lui écrire à lucia@lucia-canovi.com.

Table des matières

Préface..7
Rendez-vous dans le Phare.................................25
Partie I Au-delà des préjugés et des clichés.............27
La dépression en question(s).................................28
  « Peut-on sortir définitivement de dépression ? »...............29
    La preuve par les autres..................................29
    Vos plus beaux souvenirs..............................32
    Cochons, loup et vaches...............................34
    Tous les jours des miracles............................35
    Choix et destinée...37
  « Qu'est-ce que la dépression ? ».........................44
    Au-delà du mystère......................................44
    Bain de pied et dents de la mer......................45
    Un hippopotame au petit déjeuner..................46
    Des émotions aux résultats............................47
    Les saisons de l'âme.....................................49
    Pas de salade..50
  « Combien de temps vais-je rester déprimé ? ».............53
    Une saison pas comme les autres....................53
    Conformisme et charlatans............................54
    Attendez-vous au bonheur.............................56
  « J'ai tout pour être heureux, alors pourquoi est-ce que je déprime ? »..58
    Ce qui manque..59
    Les besoins métaphysiques............................59
    L'inconscience matérialiste...........................60
  « Puis-je redevenir la personne que j'étais avant ? »...............63
    Réponse numéro un......................................63
    Réponse numéro deux...................................64
    Un choix crucial..64
  « Suis-je seul à souffrir ? »...............................67
    La souffrance des autres...............................67
    Pas le dernier dodo......................................68
    Levez les yeux..69
  « Ce qui m'arrive, est-ce que c'est normal ? »...............71
    La logique sous le chaos...............................71

Fausse sécurité...72
Un vertige « normal ».....................................72
Une protection contre rien...............................73
Pourquoi ?...74
L'amour de sa vie..75
De meilleures questions...................................75
« Et moi, est-ce que je suis normal ? ».................78
Bizarre, vous avez dit bizarre ?.........................78
Fourmis dans la fourmilière.............................79
Pas vraiment des vrais chats.............................79
De la tête aux pieds, un homme........................80
« Peut-on se passer d'antidépresseurs ? ».............82
« Peut-on s'en sortir tout seul ? ».......................84
Un aveu à vous faire…...................................89
Catalogue des éditions lucia-canovi.com Liberté ● Vérité ● Clarté
....91
À propos de Lucia Canovi.................................95